開運
#年中行事はじめました

Igaki Toshie
井垣利英

致知出版社

はじめに

かた苦しい、面倒くさそう……と思われがちな年中行事。そう思われるのもムリはありません。

ひなまつりには七段かざりを出さなくちゃ。鯉《こい》のぼりは大空を泳ぐ大きなものを……。

そんなふうに考えているうち、忙しい毎日のなかで、何もせずに過ごしてしまう人がほとんどではないでしょうか。

でも、そんな大事《おおごと》に考える必要はありません。

たとえば、ひなまつりには、二色のガラス玉などを女雛《めびな》と男雛《おびな》に見立て、ペアでかざってみる。鯉のぼりは、鯉のぼりの絵が描かれた手ぬぐいや風呂敷《ふろしき》などを部屋にかざってみる。

それだけでも十分なのです。

ちょっと工夫をするだけで、かんたんに季節を感じるかざりつけができて、日常生活にも彩《いろど》りが出てきます。

＊＊

わたしは人材教育家・マナー講師として、これまで約二〇年間で、三〇〇〇人以上の受講生にアドバイスしています。現在も「自分磨き&マナー」のスクールを開講し、社員研修や講演会を年一〇〇回ほど行っています。

そんなわたしが年中行事に深くかかわるようになったのは、仕事というよりも、個人的な興味があってのことです。

年中行事のかざりつけを学ぶ勉強会に通ったり。呉服や西陣織、老舗《しにせ》旅館や酒造元など、多くの伝統文化の仕事人さんたちとご縁ができたり。さらに文様《もんよう》や歴史の文献などで勉強を重ねてきました。

そして、会席料理をいただきながらマナーを学ぶ講座で、その月ごとの年中行事に関することをほんの少しずつお話しするようになりました。すると皆さんが「もっと知りたい」「もっと教えてほしい」と目を輝かせながら聞いてくださったのです。

わたしの実家は、幼少期から毎月、年中行事を楽しく行っていたので、どこもそうかなと思っていました。でも、年中行事に関心のないご家庭も多いことを知りました。

そこで平成三〇年から、マナーと同時に年中行事をじっくり学べる講座をはじめました。

そのクラスで、受講生の皆さんの毎月の成長ぶりを見て、感想を聞き、そしてわたし自身の実感を通して、年中行事には次のような七つの力（効果）があると感じるようになりました。

1　笑顔が増える

年中行事では、一年を通して縁起《えんぎ》かつぎが色々あります。思わずクスッと笑えるような語呂《ごろ》合わせも多く、昔の人の知恵や遊び心にふれるたび、心がポッと温かくなります。

たとえば日本の主食は、昔からお米です。その大切な収穫物に人が手をかけて、山型に結んだものが「おむすび」。

昔から山は神格化されていて、山を御神体《ごしんたい》とする神社もあります。そんな山にあやかって、神さまとご縁を結ぶために、山型にしたといわれています。

いつも食べているおむすびも縁起もの！　思わず「へーっ」と笑顔になりませんか？

また、年中行事を通して周りの人と会話をするチャンスも増え、新しい出会いもあり、そのたびに笑顔が増えていくのです。

2　感性が磨かれる

「年中行事を学ぶことによって、見える物が変わってきた」「街の景色が輝いて見えるようになった」と受講生の皆さんはよくいいます。

体を包む空気の微妙な変化や、道に咲く花、農作物の育つようす。また鳥の姿や虫の音などに季節の移ろいを感じたり。縁起ものや和菓子など、年中行事にまつわる職人さんたちの手仕事のすばらしさに気づいたり。

今まで見過ごしていた、さまざまな変化に目がとまり、ありふれた日常生活の中にある小さな幸せにも気づけるようになります。

3 センスが良くなる

年中行事のかざりつけのヒントを求めて雑誌のページをめくったり、街のディスプレイを観察するようになります。

自分のかざりつけをネットにアップして人に見てもらい、褒《ほ》められたりするうちに、みるみるセンスが磨かれます。

贈りものや手土産《てみやげ》にもセンスの良さが光るようになります。

4 行動力が高まる

今まで行かなかった和菓子店、伝統工芸品店、神社やお寺などへ足を運んだり。

おまつりや盆踊り、地域のイベントに参加したり。年中行事を知ることで、「実際に見てみたい」「体験したい」という好奇心がわき、行動力が高まります。

5　自分のことが好きになる

年中行事のかざりつけをしたり、行事にあわせて和菓子を選んだり、四季の移ろいを感じられる自分がステキに思えるようになります。

自己満足ですが、自分に満足できるのは幸せなこと。自分が幸せになれば、その幸せは人にもお福分けされ、周りの人も幸せになれるのです。

6　感謝する心が芽ばえる

生まれた土地への感謝、家族やご先祖さまへの感謝、食べ物への感謝……。

大昔から脈々と命をつないでくれたご先祖さまたちと、自分とのつながりを感じられるようになります。自分がいかに恵まれているかに気づき、感謝できるようになってきます。

7 運がよくなる

年中行事は毎月、悪い気を祓《はら》い、幸せになるために、色々な行動をします。ご先祖さまが常に守ってくれていることを感じられるようになり、不安な気持ちが消え、幸せがあふれ出て、笑顔が増えます。その結果、運がよくなってくるのです。

さて、ここまでお話ししてきた年中行事の七つの力（効果）は、実際に自分で行動してみないと感じられないもの。

この本を読んで「いいな」「やってみよう」と思ったら、まずは一つでいいから、行動してみてくださいね。

年中行事は、ありふれた毎日の生活がキラキラ輝き出す、不思議な力があるから。

※なお、年中行事には諸説あります。いわれやしきたりは、地域によって異なる場合があります。

目次

一月 睦月

《正月》

二月 如月

《節分》

三月　弥生

《ひなまつり》

《お彼岸》

四月　卯月

《花まつり》

五月　皐月

《端午の節句》

一月

睦月《むつき》

1月は新しい年のはじまり。お正月とは「年神さま」を家にお迎えし、
新しい年の運と幸せを引き寄せるための行事です。
年末から松の内までつづく、いくつもの準備や行事をご紹介。
門松やお雑煮やおせち料理、鏡もちや初詣と、楽しいことがいっぱいです。

正月

◎年賀状に「元旦」と書いたら恥をかくことがある？

年賀状にはよく「元旦《がんたん》」と書いてあります。

でも元旦って、そもそもいつのことをいうのでしょうか？

その答えは「元旦」という漢字にちゃんとしめされています。

「旦」という字は、地平線や海の上にお日さまがあらわれた状態を形にしたもの。朝をあらわしています。

「元」には「はじめ」という意味があります。

ですから元旦とは、一月一日、元日の朝のことをいうのです。だから、もう三が日を過ぎたのに「元旦」と書いている人は要注意。気をつけましょう。

年中行事では、元旦は年神《としがみ》さまをお迎えするとても大切なときです。

◎お正月って、そもそも何をする日なの？

「年神さまって？」とハテナマークが浮かぶ人も多いでしょう。あまり聞かない言葉ですね。

年神さまとは作物の実りをつかさどる農耕の神さま。すごく大きい存在であり、しかも身近な方でもあるのです。

お正月とは、もともとは年神さまを自分の家にお迎えして昨年の無事を感謝し、「新しい年に豊かな実りがありますように、平和で幸せな年でありますように」と祈る行事です。

ここで、昔むかしのことを想像してみてください。

山の中に家がぽつんとあって、田んぼがぽつんとあり、そこで生活しているのです。

ご近所づきあいといっても、人の住む家は何キロも先。家は木でつくったわらぶき屋根の掘っ立て小屋。電気もなければガスもありません。

情報はどこからも入ってきません。何も予測がつかないなかで生活する不安は、今とはくらべものにならないくらい大きかったでしょう。

スーパーマーケットもないし、すべてが自給自足の生活です。

食べるものは田んぼが頼り。あとは山になる果物とか木の実を食べるしかないのです。

作物が採れなかったら飢えるしかありません。死ぬか生きるか、そういう世界です。

だから昔の人たちは年の暮れから心を込めて準備をし、一年の最初に年神さまに自分の家にきて、守ってほしいと切実に願いました。

お正月に年神さまをお迎えするのは、とても真剣で大事な行事だったのです。

◎お正月に門松をかざる理由

年神さまとは、こんなイメージです。

元旦に生まれ変わりパワーチャージした年神さまは、初日の出とともに姿をあらわし、人間の世界をぐるりと見回します。そして「わたしの家にきてください」

と門松《かどまつ》をかざってある家を見つけられます。

「よしよし、ではあの家を訪れるとしよう」

と言われたかどうかはともかく、年神さまはすっと降りてきてその家の門松を目印にして、家のなかに入られるのです。

お正月のあいだは鏡もちにやどって、わたしたちとともにおられます。

そして、これから一年の生きる力と幸せと運を、お年玉（年魂）として授けてくださいます。

神さまが年に一回生まれ変わるタイミングが元旦です。そういうことであれば、これはぜひ元旦に年神さまをお迎えし、パワーを吹き込んでほしいと思いますよね。

年神さまをお迎えするためのお正月の準備は、年の暮れにはじまります。

こんどのお正月には、あなたも自分なりのかざりつけをしてみませんか?

◎鏡もちをかざるだけでOK!
お正月の迎え方

お正月のおもなかざりつけには、門松、しめ縄、鏡もちがあります。
まず、鏡もちをかざるだけでもいいのです。行動してみることが、何より大切!
鏡もちは、年神さまがお正月のあいだやどられるものですから、ぜひかざりたいもの。

年の暮れになるとスーパーなどで、小さい鏡もちを売り出します。一人暮らしならそれで十分です。買ってきて、懐紙《かいし》を敷いてかざりましょう。

鏡もちだけでもいいですし、鏡もちの上に橙《だいだい》をのせたいけれど手元にないという場合は、冬の定番のみかんでいいのです。

はじめは「なんだか大変」と少しとまどっても、来年にはもっと色々かざりたくなります。

正式な
鏡もち

鏡もちをかざっただけで嬉《うれ》しくなり、そんな自分がステキに思えて幸せな気分になるからです。

部屋をきれいに掃除して、かざりましょう。

その鏡もちは元旦に、ぜひお雑煮《ぞうに》にして食べてください。

年神さまのパワーをいただくのですから、「今年は、いいことがありそう」と幸せな気持ちになりますよ。

◎わが家の存在を神さまに気づいてもらうための目印

お正月かざりの門松は、玄関の灯りのようなもの。

街灯もない暗い夜道では、松明《たいまつ》を焚《た》いておかないと、そこに家があることを気づいてもらえません。

それと同じで、門松を門のわきに置くことで、「ここにいますよ。家がありま

❶懐紙とは小ぶりな二つ折りの和紙のこと。平安時代の貴族が使いはじめたもので、いまでもお茶席などで使われます。百貨店の和物のショップ、お茶屋さんなどに置いてあります。一束300円くらい。和菓子を置いたり、口をぬぐったり、器をふいたり色々使えて便利で、もっているとオシャレです。

すよ」と年神さまにお知らせし、気づいてもらうのです。そうやって、神さまに応援しにきてもらったほうがいいですよね。

灯りみたいなものだからと、イルミネーションライトやアロマキャンドルなどを門松につけないでくださいね（笑）。意味が違います。

門松は、じつは年神さまがやどられる「ヨリシロ」。

ヨリシロというのはむずかしい言葉ですね。神さまが寄りついてやどる目印のことをいいます。ヨリシロということは、神さまがそこにいらっしゃるということです。

❶門松は松と竹のほかに梅の花などをかざります。左右1対とされ、外から見て左は雄松、右は雌松と呼ばれます。

❷松の小枝に和紙を巻いて水引で結ぶ略式の門松もあります。

門松をかざる習慣は大昔からあったのですが、平安時代のころから、「神さまをお待ちしています」という意味をこめて「松」を使うようになったといわれています。

「松」に「待つ」をかけた語呂《ごろ》合わせです。

松のほかに、竹をかざりますが、松も竹も一年中葉を落とさず青々と茂る木です。昔の人はそこに力強い生きる力を見出しました。

門松には「一年中、元気で、幸せに過ごせますように」という願いが込められています。

❸マンションなどで外に門松を飾れない場合、玄関ドア内の靴棚の上などに、対ではなく一個だけかざるのでもOKです。

◎しめかざりは自分の家を聖域にする

お正月の準備として、玄関や台所、トイレなどに「しめかざり」をかざるのも、昔ながらの習慣です。

しめかざりは、「しめ縄」に縁起物などのかざりをつけたものです。

「しめ縄」は神社でおまいりするときなどに、よく見かけますね。出雲《いずも》大社の大しめ縄はとても有名ですし、近所の氏神《うじがみ》さまでも鳥居《とりい》やご神殿《しんでん》、ご神木《しんぼく》などにしめ縄が張られています。こんど神社に行ったときにじっくり観察してみてください。きっと発見できると思います。

この神社のしめ縄とお正月に家にかざるしめかざりは、じつは同じもの。どちらも「ここから先は聖域（神聖な場所）ですよ」という境界線の意味が込

しめかざり

❶しめかざりにつけるかざりは橙、裏白、ゆずり葉などが一般的。橙は「家が代々栄えるように」、裏白は「長生きできるように」、ゆずり葉は「子孫が長く栄えるように」という願いが込められています。

❷玄関以外に、火の神様の入り口である台所や、水の神様の入り口である蛇口やトイレなどにも、略式のしめかざりをかざります。

められています。つまり、しめかざりをして家を神社にするようなものです。

しめ縄によって結界《けっかい》を張り、わざわいや不浄なものが入ってくるのを防いでいるわけです。

ちなみに大相撲で横綱が土俵入りするときの化粧回しにも、しめ縄が使われています。

これも同じ意味です。横綱は神さまのように神聖な存在とされているのです。横綱が土俵入りで塩をまいて四股《しこ》を踏むと、その場が清められ邪気《じゃき》（悪い気）が祓《はら》われるといわれます。

お正月のしめかざりは、自分の家を清めて「聖域」にするためのもの。

年神さまにきていただくのですから、家のなかを大掃除してきれいにし、しめかざりで結界を張りましょう。

◎お正月かざりは一二月一三日「正月事始め」から

門松やしめかざりなどのお正月かざりは、お正月を迎える準備を始める一二月一三日の「正月事始め《しょうがつことはじめ》」にスタートします。そして一三日から二八日のあいだ、

および三〇日にかざります。二九日がなぜ抜けているかというと、「二重苦」につながり縁起が悪いからです。

三一日にかざるのは「一夜《いちや》かざり」といわれます。

ギリギリでかざるのでは神さまに対して失礼にあたり、よくありません。「幸せになりたいっていうけど、本当にやる気あるのかなあ」と神さまに疑問に思われてしまいますよね。

いずれにしても、年末は慌《あわ》ただしいし、大晦日《おおみそか》にはやることもたくさんあるので、早め早めのかざりつけをおすすめします。

お正月かざりは一月七日までの「松《まつ》の内《うち》」のあいだはかざっておき、年神さまがお帰りになる一月七日に片づけます。

「松の内」は一月一五日までという地方もあるようですが、江戸幕府の四代将軍家綱のときに江戸時代最大の火災「明暦《めいれき》の大火《たいか》」が起き、江戸の町が火の海になったことから、燃えやすい門松は一月七日にかざり納めにするようにというお触れが、江戸の町に出されました。

それからは、関東地方では「松の内」は一月七日までとされたそうです。

◎鏡もちが円いのは？

「あとの始末も大変だし、鏡もちはなしですませる」という方もいるようです。

でも、じつは鏡もちはお正月に欠かせない、大事な大事なかざりです。

お供《そな》えものであり、年神さまのヨリシロで、神さまそのものだからです。

また、おもちは稲の霊がやどり、食べると生きる力が与えられる食物とされています。

鏡もちがなぜ円《まる》いかというと、はるか昔の祭《さい》祀《し》に使われた銅鏡に似せてあるからだといわれます。鏡というのは古代から神さまがやどるモノとされ、神事にもちいられていました。ちなみに邪馬台国《やまたいこく》の女王卑弥呼《ひみこ》も、中国の皇帝から

鏡もち

❶鏡もちには橙、ゆずり葉、裏白、昆布、干し柿などをそえるのが一般的です。
昆布は「よろこぶ」の語呂合わせ、干し柿は「嘉来」と当て字をして「喜びが来る」ことを意味します。

金印と銅鏡百枚を授かったことが、日本史の教科書にも出ています。

そんな歴史的な背景もあります。円い形は神さまの魂を象徴しており、鏡もちは神さまそのものなのです。

鏡もちは家の床《とこ》の間や人が集まるリビングルームなどにかざり、それぞれの部屋には小さな鏡もちをかざります。

大きな鏡もちは一月十一日の鏡開きの日までかざっておいて、小さな鏡もちは、元旦にお雑煮にしていただきます。

鏡もちを一つだけかざる場合は、元旦にいただきましょう。

◎新しい年は何が「おめでたい」のか

新しい年の挨拶は「あけましておめでとうございます」。

ところで何が「めでたい」か、考えたことはありますか？

「無事年が明けたから、おめでたいのではないですか？」と思う方も多いでしょう。

でも、そうではありません。

「あけましておめでとうございます」は、年神さまへの言祝《ことほ》ぎです。

「言祝ぎ」の意味は「何かを祝って慶びの言葉を言うこと」。

年神さまが新しく生まれ変わって、新しいパワーをわたしたちに吹き込んでくれます。だから生まれ変わった年神さまにたいして、「おめでとうございます」とお祝いの言葉を伝えるのです。

お祝いを言うほうも嬉しいですが、神さまも「わかっておるな」「今年もいっしょに頑張ろうな」と喜ばれるハズです。

年神さまがやどられているという鏡もちに向かって言うわけではありません。

お正月の朝に起きたら、家族に「あけましておめでとうございます」。

外に出て知り合いと出会ったら「あけましておめでとうございます」。

はなれて住む両親に電話で「あけましておめでとうございます」。

神さまにお伝えするためには、声に出して言うことが大事です。

年神さまは大きな存在ですから、そこにいて、わたしたちのお祝いの言葉をちゃんと聞いておられるはずです。

◎元旦のお雑煮は絶対に食べて！

元日の朝、わたしの名古屋の実家ではそれぞれの部屋にお供えした小さい鏡もちを、お供えした昆布やもち菜(名古屋地方に出回る小松菜の一種)といっしょに、お雑煮にしていただきます。

鏡もちを年神さまのお下がりとして食べるのです。

鏡もちは年神さまにお供えし、年神さまの魂がやどったもの。お正月の朝にいただくことで、運をそのままいただけるのです。

だから元旦のお雑煮は、絶対に食べなくてはいけません。

鏡もちといっしょに昆布や野菜などもお供えしておき、お雑煮にしましょう。

お雑煮は、一年のスタートとして必ず食べるも

雑煮

❶お雑煮に入るものや味付けは、地方によって色々。それぞれ採れる食材や文化に違いがあるからでしょう。
❷祝い箸は年末に、箸袋に干支や「寿」といった文字をいれて、スーパーや雑貨屋などで売り出されます。おめでたいデザインのものが色々あり、探すのも楽しみ。

のだと、覚えておいてくださいね。きっといいことがありますよ。

☆「祝い箸」を用意しましょう

「祝い箸《ばし》」は、柳でできた白い木のお箸。

丈夫で折れにくい柳は、昔から邪気を払う「聖なる木」とされています。

柳の字に「家内喜《やなぎ》」と当て字をして、「家のなかに喜びがやってくる」という縁起もかついでいます。

祝い箸の両端はどちら側も細くなっています。いっぽうの端は年神さま、もういっぽうの端を人間が使うとされます。

◎おせち料理は福づくし

おせち料理は年神さまにお供えして、一年の福を招くためにいただくもの。

すべての品に、縁起《えんぎ》かつぎや願いが込められています。

「海老《えび》」はひげが長く背中が曲がっているところから老人の姿をイメージし、「腰が曲がるほど長生きできますように」と願う縁起ものです。

「きんとん」は金団の当て字で、黄金の布団つまり財宝をあらわします。

「黒豆」はマメに生きる語呂合わせから、一年の健康を願います。

「数の子」は卵がたくさん詰まっているところから「子孫が長く栄えるように」。

「田作り」は、材料のいわしが畑の肥料に使われていたことから「作物がたくさん採れますように」。

「昆布巻き」は「よろこぶ」の語呂合わせ。

「ぶり」は出世魚なので「出世」の縁起もの。

「たたきごぼう」は「長く根を張って生きる」意味があり、たたいて身を開くので「開運」の意味も。

おせち料理

「れんこん」は穴が開いているので「将来の見通しがいい」という縁起かつぎ。

「なます」は人参の紅、大根の白で紅白をあらわし「おめでたさの象徴」です。

「里芋」は子いもがたくさんつくので「子孫が長く栄えるように」。

「伊達巻《だて》」は書物の巻物のイメージから「勉強がはかどり成績があがる」、反物を連想させるので「衣装もち」の縁起かつぎ。

「かまぼこ」は半円形の形が日の出に似ているため「新年の慶び《よろこ》」をあらわします。


品数をたくさんそろえるのが大変だったら、自分が願いたい縁起かつぎの品を、数品食べるのでもいいと思います。

たとえば、もっと貯金を増やしたいなら「きんとん」を、健康あっての夢実現なので、健康ははずせないと思うなら「黒豆」を。

奇数は縁起のいい数字とされますから、一品、三品、五品、七品、九品と奇数でそろえてみましょう。

◎年中行事は縁起かつぎの語呂合わせ、当て字、言い換えであふれている

昔から言葉は「言霊《ことだま》」といわれ、「言葉に魂がやどっており、不思議な力がある」とされています。

ものの名前にいい換えや語呂合わせ、当て字をして、自分たちの生活を少しでも縁起のいい、幸せな方向にもっていきたいという熱い思いが、年中行事にはあふれています。

お正月かざりによく使われる「南天」と「千両」。

どちらも赤い実をつけます。実がぶどう状についているのが南天で、実が葉の上にかたまってついているのが千両です。

赤という色は魔除《まよ》け、厄除けの意味があるとされます。さらに南天は、こんな語呂合わせがあります。

「難を転じさせる」

今、何か問題を抱えている人も、南天をかざると難が転じて運が向いて、もの

ごとが好転していくという縁起かつぎです。

千両はもちろん大判小判《おおばんこばん》の千両のこと。「商売繁盛《はんじょう》」をあらわします。千両をかざったら、商売がうまくいく気がする！　何ごとも思いこみは大切です。

自分の手でかざって笑顔で「きっとうまくいきますように」と願うこと。思いは実現すると信じてかざりましょう。

橙《だいだい》や、ゆずなどの柑橘《かんきつ》類にも、縁起かつぎが隠れています。

柑橘の橘を「吉」にたとえて、縁起がいいとされたのです。大きい実ほど「大吉」とも。

また、お正月やおまつりで「獅子舞《ししまい》」を見かけたら、幸せを願う獅子の舞いを楽しみましょう。大人も子どもも、頭をかまれると魔除けになりますよ。

◎初詣の前に参拝のやり方のおさらいを

初詣《はつもうで》とは除夜の鐘が鳴り終わってから、松の内（一月一日から七日）のあいだに、神社やお寺にお参りすることです。

参拝の作法を、見よう見まねでやっていませんか？　せっかくですから、ちゃんとしたやり方をおさらいしておきましょう。

神社のお参りの仕方

❶鳥居は一礼してからくぐります。

❷鳥居や神門にある敷居は、外界と聖域の境界線です。踏まずにまたぎましょう。

❸参道の真ん中は神さまの通り道。できるだけ端を歩きます。

❹参拝前には必ず手水舎《てみずや》で手と口をすすいで心身を清めましょう。

1

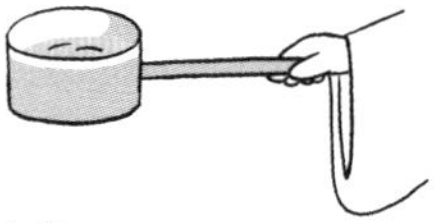

右手でひしゃくを取って水をくみ、左手を洗います。

2

3

左手にひしゃくをもち替えて、右手を洗います。

4

ひしゃくを右手にもち替えて、左手に水を受け、口をすすぎます。

5

さらに、口をすすいだ手を洗います。

6

ひしゃくを立てて、残った水で柄《え》と自分が触れた部分を清め、元の場所にふせて戻します。

❼鈴がある神社では参拝の前に鈴を鳴らし、お賽銭《さいせん》を入れます。（順番は逆でもいい）

❽二礼二拍手のあと手を合わせて合掌《がっしょう》し、最後に深く一礼します。

POINT

★寺院の場合、一礼してお賽銭を納め、合掌して一礼します。神社と違って、拍手は打ちません。
★前の年の破魔矢《はまや》やお守りなどは、神社の古札納め所に納め、お焚き上げをしてもらいましょう。

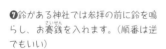

二月

如月《きさらぎ》

2月にはいるとすぐに節分！「鬼は外〜、福は内〜」のかけ声が
あちらこちらで聞かれます。豆を鬼にぶつけるのは、鬼ごっこの気分。
でもじつは暗く寒い冬をのりこえ、暖かい春を迎える、すがすがしい
厄祓いの行事です。おもいっきり豆をまいて、幸運な春を迎えましょう！

節分

◎昔は節分が大晦日だった⁉

「立春《りっしゅん》」というのは、春のはじまりの日のことです。

「節分」は「立春」の前の日のことをいいます。

漢字を見るとわかるように「季節」の「分かれ目」のこと。

「ここから季節が変わりますよ」という目印の日です。

日本の季節は春夏秋冬と四つあります。季節の分かれ目ということであれば、立春、立夏、立秋、立冬の前の日は四つ！　もともと節分は四つあるのです。

なぜ二月三日の節分だけが特別なものとして残ったのでしょう？

それは、昔の暦《こよみ》では立春は新しい年のはじまり、つまりお正月だったからです。

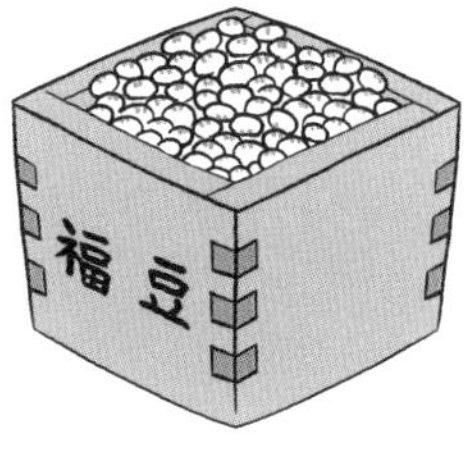

「立春正月」と呼びます。

お正月の前の日ということは、節分はつまり大晦日！

「えーっ、一月にお正月を迎えたばかりなのに？」と思うかもしれませんが、昔の暦と明治時代のはじめに採用された新しい太陽暦のカレンダーにはズレがあります。

旧暦では立春のころ、つまり二月四日のころがお正月でした。

だから暦《こよみ》が変わったために、新年の迎え方が二つあるのです。

節分の豆まきは、悪い鬼を追いはらって福を招き入れ、すがすがしい気持ちで立春正月を迎えるためのもの。

考えてみると、お正月に年神さまを迎え、二月に節分で本来のお正月を迎え、三月にはひなまつり……。

年中行事では毎月、福を招くことをしています。

これは、福がどんどん増えていくということですから、やったほうが絶対トクですよね。

◎春を迎えるためのステキな魔法

昔はエアコンなどなかったので、冬の寒さをしのぐのは大変でした。もちろんストーブもなければファンヒーターもありません。あるのは囲炉裏《いろり》くらいのものです。

だから戸や窓はできるだけ閉め切って、家の中に凍えそうな冷たい外気が入るのを防ごうとします。そのために部屋の空気はすっかり澱《よど》んでしまいます。家のなかが外にいるのとおなじになっては困るので、わざわざ換気もしないでしょう。

空はどんよりと曇り、陽射しも夏の輝くような強い光ではありません。

冬の夜はとても長く、昼は短い。

だから冬というのは、すごく暗く、寂しく、陰気なイメージでした。

陽気な春を迎えるには、溜まってしまった陰気なものを家のなかから追い出してしまわないといけません。陰気でいっぱいだと、陽気の入りこむ余地がないでしょう?

豆をまく儀式は「迎春呪術《げいしゅんじゅじゅつ》」だといわれます。

ひらたく言うと「春を迎えるためのステキな魔法」です。

「鬼は外～、福は内～」と豆をまく節分の行事は、昔の人たちにとっては、冬の「陰」を追い出して「陽」に変えて春を招く大事な行事だったのです。

豆まき

◎鬼を追い払う二つの魔除け

焼いた鰯《いわし》の頭を柊《ひいらぎ》の枝に刺して家の入り口にかざる！

これも、鬼を追い払うための大事な節分の行事です。

鬼というのは、つまり「邪鬼《じゃき》」です。「人間たちに悪いことをばらまくもの」とされます。

その鬼は臭いものが苦手で、「鰯を焼いたときの臭いにおいは、鬼を寄せ付けない」と信じられていました。

また柊は冬の代表的な木ですが、その葉はギザギザした形をしています。

柊をかざっておけば、節分に鬼が家のなかをのぞきにきても、ギザギサの葉が鬼の目を突いて追い払うと考えられました。

「柊の枝」と「焼いた鰯の頭」は、ダブルで魔除けの役割をします。

玄関のドアにさげたり、門に取りつけて、鬼を追い払いましょう。

柊と鰯

◎立春の日には椿をかざりましょう

年中行事では、「こうなったらいいな」という願いをモノにたくします。

たとえば、節分までは鬼をよせつけないために柊をかざっています。

ところが、翌日の立春の日にはこの柊を取り払って、こんどは椿《つばき》をかざるのです。

どうしてだと思いますか?

漢字で書くとよくわかりますよ。

柊→椿。

木へんの部分を取り払ってみてください。

冬→春！

漢字って、うまくできてるでしょ？

柊から椿にかざりつけを変えるのは、冬が終わって早く春になってほしいという思いのあらわれです。

昔の人たちの、「自然」と「言葉」をうまく結びつけるワザと美学には、感動しますよね。

節分の行事を終えて立春を迎えたら、暦のうえでは春です。

気温はまだ寒い日々がつづいているかもしれませんが、椿をかざって気分は暖かい春を楽しみましょう。

椿の花

◎節分の豆は硬くて炒ったものが必須

豆は鬼を追い払うための武器です。

だから豆は硬くないとダメなのです。煮豆ではやわらかすぎて役に立ちません。

豆まきには、炒《い》った硬い豆を使います。


昔の人たちは語呂合わせや当て字の達人です。縁起かつぎが大好きなのです。

豆にもこんな当て字をしました。

「魔目」↓豆で「鬼の目を打つ」という意味。

「魔滅」↓「魔を滅《めっ》する」、つまり鬼をやっつけるという意味です。


また、節分の豆まきに使う豆は、どうしても炒ったものでないといけません。

生の豆は、鬼にぶつけたあとに芽が出たりして不吉と考えられました。

そして何より「豆を炒る」の炒るを「射る」にあてて、「矢を射る」ことにかけたのです。

できれば「豆を炒る」作業も、自分で時間をかけて炒ったほうがいいのです。思いをこめて！　鬼をやっつけないといけませんからね。

正式には豆まきは、二月三日の節分の夜に行います。

節分の豆は、「新春もマメ（豆）に元気に過ごせますように」と願い、年齢の数を食べるようにといわれています。

よく「自分の歳よりも一個多く食べるように」ともいいますが、昔は立春に一つ歳をとると考えられていたからです。

これは、どちらの数でもかまいません。とにかく豆を食べて、一年の健康と幸せを願いましょう。

★ちなみに、節分の豆は、東北や北海道では落花生をまくところもあるようです。

◎神社で授与されるツイてる福豆

福豆とは、節分にまく炒った豆のことをいいます。

スーパーなどでも売っていますが、「今年はよりパワーのある福豆がほしい」と思ったら、神社で神職や巫女《みこ》さんが授与している福豆をおすすめします。

わたしは節分が近づくと、明治神宮などに参拝して「福豆」を受けます。

「福豆」は明治神宮だけでなく、一月中旬から節分までの期間限定で、全国各地のたくさんの神社にあります。

神社でお祓《はら》いされご祈祷《きとう》された豆です。神社のパワーが入っていて、きっとご利益《りやく》があるハズです。

しかもメチャクチャ美味しいのです。

神社の結界《けっかい》のなかに入らせてもらい、身を清めさせてもらって、ありがたい福豆が手にはいるのです。

それだけで、暗く重い気分を抱えていたとしても、心が晴れてきますよ。

明治神宮の福豆は、神宮の「菊と桐」のご神紋が入った枡《ます》入りがあります。

これをそのままかざるだけでも、節分のかざつ

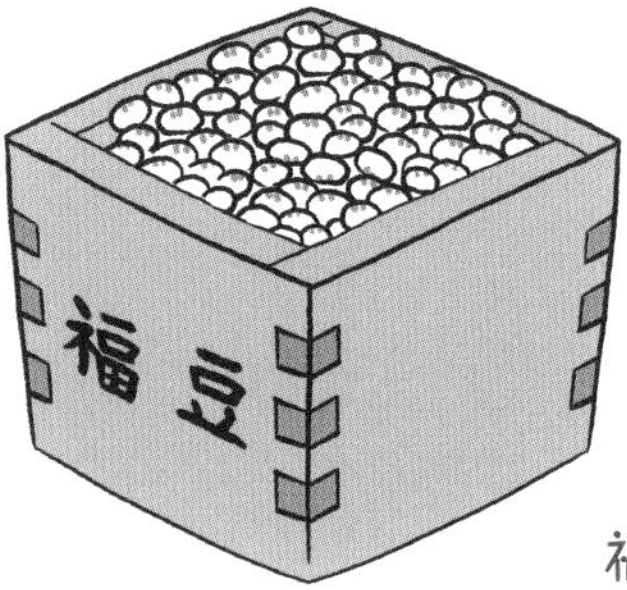

福豆

りけはＯＫでしょう。

◎柑橘類は吉を招き、ゆずの香りは邪気を払う

節分が近づいてきたら、かざりつけをしてみましょう。

基本は炒った大豆です。

はじめてのかざりつけなら、豆を枡に入れてかざるだけで十分です。

枡がなければお皿に盛ってもいいですし、懐紙《かいし》にのせてもいいでしょう。


たとえば、枡に盛った大豆の横に鬼のお面をかざったり、豆まきのシーンを描いた日本手ぬぐいを見つけてきて、それを下にしくというやり方もあります。

鬼のお面の片目に柊の葉を貼りつけたり。これは「柊のギザギザの葉が鬼の目をつく」という話をかざりに表現したのです。

春を待つ意味で椿をかざるのもステキです。

柑橘類《かんきつるい》は「吉」を招くので、その季節のものをかざるのもいい方法です。

二月なら、ゆず。

ゆずの香りは邪気を祓《はら》うといわれていますから、鬼退治にはぴったりです。

節分でおすすめしたいのは「鬼ゆず」。表面が少しでこぼこした大玉の柑橘類で、名前はゆずですが、文旦《ぶんたん》の仲間だそうです。見かけがごつく、いかにも鬼を追い払ってくれそうな迫力です。

かざりつけは、シンプルなのもステキです。年中行事の話に思いをめぐらせて、自分なりのストーリー仕立てにしてかざるのも楽しいものです。

やりかたは自由です。こうしないといけないという決まりはありません。一回、かざりつけをすると、次はこうしよう、ああしようとイメージがわき、楽しさが広がっていきますよ。

◎日本手ぬぐいは、職人さんが腕を競うアートの世界

手ぬぐいには、バラエティにとんだ絵柄やデザインのものがいっぱいあります。

たとえば節分なら、お福さんが枡に入った豆をもって鬼を退治している物語仕立ての絵柄などもありますよ。

お正月、ひなまつり、端午の節句、七夕……と年中行事にちなんだものが時季に合わせて出てきます。

また年中行事でもおなじみの吉祥文様《きっしょうもんよう》（おめでたい縁起のいい模様のこと）の手ぬぐいも色々あります。

たとえば、六月や七月に登場するヘビのウロコ模様や、すくい網の模様など……。

縁起物のグッズをデザイン化したものもたくさんあります。犬張子《いぬはりこ》や招き猫やダルマや七福神などなど……。

日本手ぬぐいは、手ぬぐい職人さんたちが腕を競うアートの世界です。しかも、一〇〇〇円前後で手に入りますから、気軽に集められて、かさばりもしません。

手ぬぐいをかざる棒や木枠なども売っているので、毎月年中行事にちなんだ絵柄のものを交替でかざるのもステキですよ。

伊勢神宮前のおかげ横丁や浅草駅の周辺のほか、手ぬぐい専門のショップが各地に店を出しています。一度のぞいてみましょう。

また、ネットでも色々な手ぬぐいに出合えます。好みのものを探してみてくださいね。

三月

弥生《やよい》

3月には「桃の節句」と「お彼岸」の行事があります。ひなまつりには、
男女ペアの好きなおひなさまをかざって、健やかな幸せを願います。
お彼岸にはお墓参りをしたり、仏壇にお供えものをするとともに、
極楽浄土について考え、自分を見つめなおして「修行」を意識しましょう。

ひなまつり

◎はじまりは厄祓いの行事だった

ひなまつりを漢字で書くと「雛《ひな》祭り」。

この「雛」というのは、もともとは「ひいな」と読み、小さい愛らしいものすべてをさす言葉です。

ひなまつりは、今では女の子の成長と幸せを願う行事ですが、昔むかしは「流しびな」という、草や葉っぱや紙でつくった人形《ひとがた》を川や海に流す厄祓《やくばら》いの行事でした。

人形というのは紙を切り抜いて人の形に見立てたもの。今でも、六月の「夏越《なごし》の祓《はら》え」の儀式で使われています（くわしくは一〇九ページを）。

流しびなは、草や葉っぱや紙の人形で体をなでながら、「わたしの穢《けが》れをもらってください」「病気をもらってください」「自分に降りかかるわざわいをもらってください」と思いをたくし、それを川や海に流すものです。

この流しびなの風習は、もともとは男も女も年寄りも子どもも区別なく、三月上旬に行われていました。

これがひなまつりの大もとです。

◎子どもたちの優しさが切ない「ひなの国みせ」

ひな人形やひなまつりには、心温まる美しい話が残っています。

昔むかし……、春になり、桃の節句《せっく》の季節になると、女の子たちはひな人形をもって山に登ったものでした。

春のおだやかな陽《ひ》ざしのなかで、女の子たちは小高い山に行き、草のうえに着てきた晴れ着の羽織《はおり》を広げます。そしてひな人形をかざるのです。

小さい人形という意味のひな人形です。今のひな人形のように完成されたものではなく、とても素朴なものでした。

丘の上にひな人形をかざって何をするのかというと、ひな人形に四方の春の美しい景色を見せてあげるのです。

これは「ひなの国みせ」といい、実際に行われていた風習です。

じつはひな人形に、生まれてすぐ、あるいは幼くして死んでしまった弟、妹のことをたくしています。

旧暦《きゅうれき》では、ひなまつりのころには桃の花やたちばななどが満開です。

寒くて暗い冬が終わり、いっせいに花が咲きはじめ、美しい変化をとげる春がやってきました。

「このようすを、弟や妹にも見せてあげたかったたな」と思う小さなお姉さんやお兄さんたちの優しい、切ない気持ちが伝わってくるようです。

昔は子どもが生まれるのも育つのも、大変な時代でした。だからこそ、亡くなった弟、妹に、生きていればいっしょに楽しめた世界を見せてあげる。

そうやって遊んでいたのです。

ちょっと泣けてくる話ですね。

◎ひな人形はもともと立っていた？

今のようなおひなさまの形になった大もとは、江戸時代のはじめに、徳川家康公のお孫さん、東福門院和子《とうふくもんいんまさこ》さまが娘の幸せを祈ってつくった「座りびな」だといわれます。

娘とは、七歳という若さで八五九年ぶりの女性の天皇に即位した明正《めいしょう》天皇のことです。

それまでのひな人形は立ちびなが主流でした。

ひな壇《だん》に座った女雛《めびな》と男雛《おびな》の姿は気品があり華やか。座っているので安定感もあり、たちまち人々の人気を集めたのでしょう。

それからは、ひな人形といえば座りびな、となっていったようです。

江戸時代のなかごろになると、各地の大

名や武士のあいだでは、女の子が生まれて最初の桃の節句（初節句《はつぜっく》）のお祝いに、ひな人形をかざる習慣が生まれました。

やがて初節句だけではなく、毎年かざるようになり、それが一般の人々のあいだにも広まっていったのが、今のひなまつりなのです。

◎三色のひしもちに込められた願いとは？

ひなまつりにかざられる三色のひしもちには、じつはたくさんの願いがギュッと込められています。

まず、ひし形の形に意味があります。

もともと正方形だったのを、向きあう角を伸ばしてひし形にしたものです。

伸びているから「長寿」！

つまり「元気で長生きできるように」という縁起かつぎです。

またひしもちは赤、白、ヨモギの緑と三色です。

そこに三つの願いが込められています。

赤は「魔除《まよ》け」です。幸せへの願い。

白は「清浄」です。清らかな娘に成長しますようにという願い。

緑は「健康」です。元気にすごせますようにという願い。


これだけの願いがこめられているのですから、ひなまつりにはぜひ、ひしもちをかざりましょう。ひしもちは基本的に、上から赤、白、緑の順です。華《はな》やかですし、おまつりが終わったら焼いて食べる楽しみもあります。

◎蛤のお吸いもの

ひなまつりには蛤《はまぐり》のお吸いものをいただきます。

蛤は二枚貝ですが、一つとして同じ形、模様の貝はありません。

だから昔は、バラバラに並べた中から同じペアの貝を見つける、「貝合わせ」という遊びがありました。トランプの「神経衰弱《しんけいすいじゃく》」に似ていますね。

対《つい》の貝しか合わないところから、蛤は夫婦の仲のよさ、女の人の貞操《ていそう》をあらわすものとされてきました。

また、水が汚れると、蛤はほかの場所に移動するそうです。きれいな水にしか住まないことから、女性の純粋《じゅんすい》さや清らかさをあらわしているそうですよ。

旧暦のひなまつりは、海辺《うみべ》の砂浜で貝を採る潮干狩《しおひが》りが始まる季節です。貝がもっとも美味しい時期だといわれます。

蛤がひなまつりのご馳走《ちそう》になったのは、ちょうど旬の食材だったからでもあるようです。

◎桃の花をひたしたお酒は百病を除く

ひなまつりは三月三日ですが、旧暦で三月初旬というと、今の四月中旬のころにあたります。ちょうど桃の花の咲く時期だったので「桃の節句」と呼ばれています。

桃は中国からわたってきたものですが、「邪気を払い百鬼《ひゃっき》を制する霊気《れいき》あり」といわれていました。ずいぶん強力なパワーなんですね。

日本神話の『古事記』にも、「黄泉《よみ》の国（死んだ人たちの世界）から逃げ帰ってきたイザナギノミコトが、追いすがる悪霊たちに桃を三個投げつけて追い払った」という話が出てきます。

桃の字を見てください。

右側のつくりは「兆し」という字です。

桃は、前兆などの未来を予知するものともいわれています。

「未来を予知して魔を防ぐ木」！

だから中国でも日本でも、昔から桃を大事にしてきました。

中国料理では、お祝いの席では必ずと言っていいほど桃饅頭《まんじゅう》が出てきます。

桃の花は可愛いらしく華やかですが、じつは強い霊力を秘めているわけです。

ということであれば、ひなまつりには厄除《やくよ》けの意味も込めて、ぜひとも桃の花もかざりたいものです。

また、「桃の花をひたしたお酒を飲むと百病を除く」ともいわれます。桃花酒《とうかしゅ》といいます。

盃《さかずき》に注いだお酒に桃の花を浮かべ、おひなさまや桃の花を愛でながらいただくのも、なかなか優雅《ゆうが》でステキではないでしょうか？

◎ペアのものをひな人形に見立てる

「毎日忙しくてひな人形を出すのは大変」などと、何もしないままで過ぎてしまうのは、残念なことです。

そんな大事《おおごと》に考えなくても、たとえばお花やガラスのきれいなボールなどが二色あったら、それを女雛《めびな》と男雛《おびな》に見立て、ペアでかざるだけでもいいのです。

正式なひな人形が手元になくても、対になるような可愛らしいものを探しましょう。

何をおひなさまに見立てるかは、自分で選べばいいのです。自己満足で、自分が楽しめればそれでOKです。

折り紙で男雛《おびな》と女雛《めびな》を折ってもいいですし、小さなペアのひな人形が手ごろだったら、買ってきてかざっても楽しいです。

・ひしもちをかざる

・ひなあられを懐紙にのせてかざる

・桃の花をかざる
・盃にお酒を注いで桃の花を浮かべてみる
・ひな人形の図柄の手ぬぐいをかざる

どれか一つでもいいし、色々組み合わせてもいいので、自分流のひな祭りのかざりつけを楽しみましょう。

気持ちが華やいで、心にポッと花が咲いたように幸せになります。そういうワクワクした気持ちのときに、運が開けていくのだと思います。

◎ひな人形の基礎知識

ひなかざりには、よく緋毛氈《ひもうせん》という赤い敷物がしいてあります。

緋毛氈というのは、羊毛《ようもう》などを薄い板のように押し固めてつくったフェルトのような赤い布です。

赤は魔除けの色。「お祝い事」の色でもあります。

おばあちゃんから贈られたり、お母さんゆずりの五段かざり、七段かざりのひな人形。

でも「場所をとるし、ぜんぶ出すのは大変だから仕舞いこんだまま」ということなら、男雛と女雛だけを取り出してかざってはいかがでしょう。

わたしも七段かざりのおひなさまがあるのですが、毎年、オフィスの棚に男雛と女雛だけを出してかざっています。

緋毛氈の赤は華やかで、花びんにかざる桃の花も可愛らしく、ひなまつりの時期はとても華やいだ雰囲気になります。

ひな人形の置き方は、向かって左側が男びな、右側が女びなとされます。

もともとは逆だったのですが、明治時代になって西洋式マナーが取り入れられ、天皇陛下が皇后陛下の右側（つまり向かって左側）に立たれることが多くなりました。それでひな人形もそうするようになったのだといわれます。

関西では今でも逆のまま。

どちらもまちがいではありません。自分にとって心地いいと思える置き方でいいのです。

ひな人形は、節分が終わったらかざるといいでしょう。

「ひなまつりの後は、すぐに片付けないと婚期が遅れる、縁遠くなる」とよくいわれますが、気にすることはありません。

そんなことを言っていたら、「今から出してもすぐに片付けないといけないから」と、出さずに終わることが多くなりそうです。

せっかくの華やかな雰囲気のおひなさまです。三月中かざってもいいくらいです。心ゆくまでおひなさまを楽しんでから仕舞えばいいと思います。

◎徳川家の姫たちのひな人形

わたしの実家のある名古屋は徳川家康公のお膝元。徳川家のたくさんの資料や美術品を収める徳川美術館があります。

そこで毎年二月上旬から二カ月間ほど、特別展「尾張《おわり》徳川家の雛まつり」が開催されます。

徳川家にお輿入《こしい》れしたお姫さまたちのひな人形とひな道具などが展示されるのです。どれもお姫さまたちの嫁入り道具として、持参されたものです。

それはそれは見事なつくりで、すっかり見とれてしまいます。

ひな道具など、顕微鏡《けんびきょう》を使ったのかと思わせるような、とても正確でこまかい職人技です。

当時の各地の一流の職人さんたちが手がけたすばらしい品々です。

ひな人形は日本の大事な伝統文化だと、しみじみ思います。

ひなまつりの時期には、そのほかにも全国各地で、町を挙げてひな人形をかざるイベントが催されます。

七段かざりや御殿《ごてん》かざり、昔の時代を映したたくさんのおひなさまが展示されて、人気を呼んでいます。

またホテルのロビーに七段かざりがかざられていたり、和菓子屋さんや日本料理店、百貨店などにも美しいひなかざりが登場します。

せっかくなので、おひなさまの華やぎを楽しむために、でかけてみてはいかがでしょう。

お彼岸

◎お彼岸の期間は一週間

　春分《しゅんぶん》の日（三月二一日ごろ）と秋分《しゅうぶん》の日（九月二三日ごろ）は、昼と夜の長さがほとんど同じになる日です。

お彼岸《ひがん》というのは、春分の日と秋分の日をはさんだ前後三日間、合わせて七日間のことをいいます。

お彼岸の一日目は「彼岸の入《い》り」。

春分の日、秋分の日はちょうど真ん中にあたるので「彼岸の中日《ちゅうにち》」。

七日目の最終日を「彼岸の明《あ》け」と呼んでいます。

この期間にお墓参りをしたり、仏壇《ぶつだん》にお供《そな》えものをしてご先祖さまの供養をしたりします。

◎お彼岸ってどんな日?

春分の日も秋分の日も、太陽が真東からのぼり真西に沈みます。もともと仏教では、西の向こうに極楽浄土《ごくらくじょうど》があるとされます。だから真西に向けて沈む太陽は、極楽浄土に向けて沈んでいるのだと考えられました。

お彼岸にはお墓参りをするいっぽうで、西に沈む太陽にむかって、「極楽浄土への願い」を込めてお参りするのです。

お彼岸には、「自分も極楽浄土にいけますように」と願い、「亡くなったご先祖さまたちが極楽浄土で幸せにくらせますように」と祈ります。

◎あなたがいるのは迷いの世界? 極楽浄土?

お彼岸は仏教の教えにもとづく、とても奥の深い年中行事です。

せっかくなので、お彼岸のそもそもの意味を知っておきましょう。

左下の絵に注目してください。

わたしたちの住むこちら側の迷いの世界と、極楽浄土のことをわかりやすくイメージしたものです。

右側は、わたしたちが今生きている「迷いの世界」です。

不平不満、グチ、悪口、泣き言、心配ごとがいっぱいある、悩みの多い荒れ地のような世界です。

真ん中に流れているのは極楽浄土に行くための「修行の川」。

川を挟んで向こう岸、この絵では左側に「彼岸」があります。

これが極楽浄土！

亡くなった方々が成仏《じょうぶつ》して住む場所です。

みんな幸せいっぱいで、ニコニコと

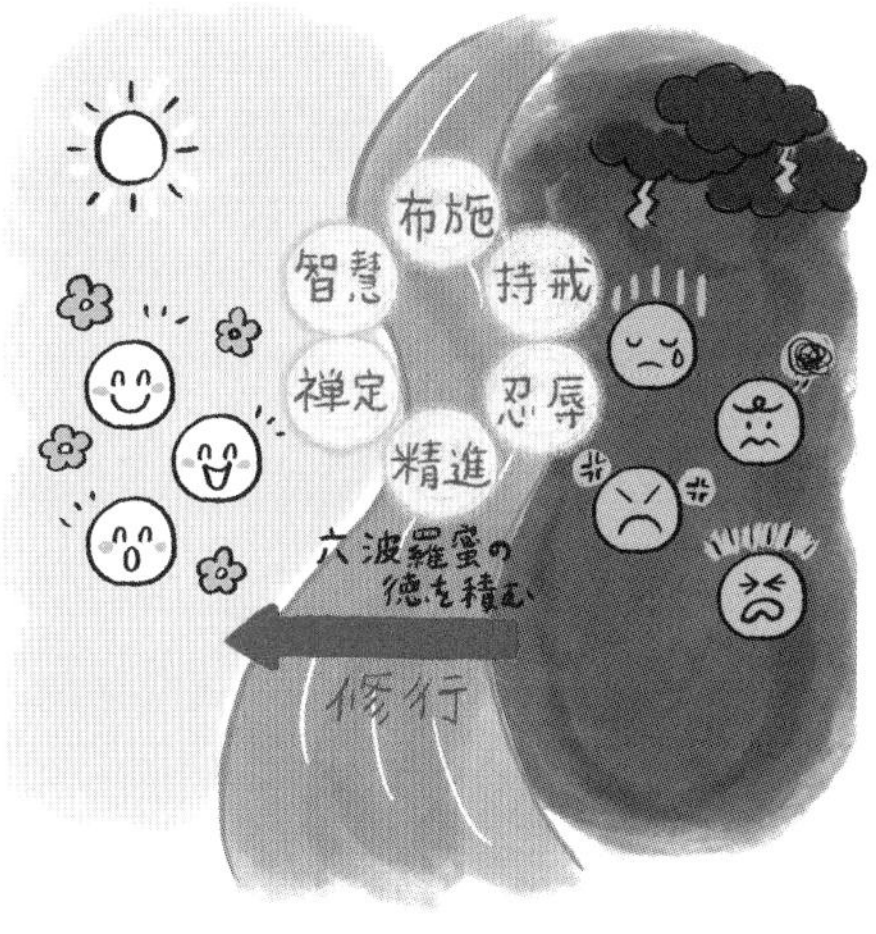

笑顔です。

さて、川の真ん中に赤い矢印があります。「六波羅蜜《ろくはらみつ》の修行」と書いてありますね。

極楽浄土に行くためには、修行を積む必要があるという意味です。ちゃんと修行を積めば、川をわたって向こう岸に行けるのです。

「六波羅蜜」とは、だれもが悟《さと》りの境地に達することができる、お釈迦《しゃか》さまの教え、六つの修行です。ちなみに「波羅蜜」とは「彼岸に至る」という意味。

それをいつも心がけて生きていくことで、やがて命を終えたとき、「極楽浄土」に行けるんだよ、というお話です。

◎出家をしなくてもできる「修行」がある

六波羅蜜の六つの修行は、むずかしい漢字がならびますが、言葉だけでも覚えておくと、人生の色々な場面できっと役に立ちます。

悲しい時、つらい時などは、何度も読み返してください。心が軽くなり、人生

に光が見えてきます。

①布施《ふせ》

六つの修行の一つ目です。

見返りを期待しないで、人のために何かをすることです。

②持戒《じかい》

簡単にいうと「やってはいけない」と自分が思っていること、知っていることは、やらないこと。

「やったほうがいい」と思っていること、知っていることは、やること。

③忍辱《にんにく》

耐《た》え忍《しの》ぶこと。うまくいかないことがあっても、歯を食いしばって耐え忍ぶ修行です。

④精進《しょうじん》
一生懸命《いっしょうけんめい》、努力すること。だれにも負けないくらいの努力をしてみましょう。

⑤禅定《ぜんじょう》
一日に一回は心をしずめ、穏やかな気持ちですごす時間をもつこと。

⑥智慧《ちえ》
①から⑤までを心がけていると行き着けるのが、宇宙のありとあらゆることを見極める智慧。生きていくことの真理を知り、どんな場合にも正しい判断や行い《おこな》ができる智慧です。

この智慧こそ「悟《さと》りの境地」といわれます。

六つぜんぶを実行しようと欲張らなくてもいいのです。

「今はこれを修行としてやってみよう」と、一つだけでも行動に移してみてはどうでしょう。

ふだんは忘れていても、お彼岸の期間はこの六つの修行を思い出し、実践してみましょう。

★六波羅蜜の解釈は諸説あります。ここでは『盛和《せいわ》塾　機関紙34号』稲盛和夫氏（京セラ名誉会長、日本航空名誉会長）の説明より抜粋し、一部分わかりやすい言葉に置き換えています。

◎ぼたもちと、おはぎの由来

春のお彼岸のお供えとして代表的なのは「ぼたもち」です。

じつは「ぼたもち」と「おはぎ」は同じもの。蒸したもち米を丸めて餡《あん》でつつんだ和菓子です。

春は牡丹《ぼたん》の花が咲くから「ぼたもち」。秋は萩《はぎ》の花が咲くから「おはぎ」と呼びます。

地域によってはお彼岸団子をお供えするのが定番のところもあります。わたしの実家がある名古屋もそうです。お彼岸になると和菓子屋さんでいっせいにお彼岸団子が売り出されます。

これも地域によりますが、お彼岸団子や草もちをお供えするところもあります。

私の母がつくるお彼岸団子のレシピをご紹介しましょう。簡単ですから、ぜひつくってみてください。

お彼岸団子のレシピ

材料　だんご粉　150グラム（1袋）
　　　水　120～130cc

つくりかた

❶だんご粉に水を入れ、耳たぶほどの柔らかさにこねる。

❷こねた粉を直径2センチくらいの大きさに丸める。（16～18個くらいできる）

❸大き目の鍋にお湯を沸騰させ、その中に団子を入れる。このとき、丸めた団子の中央あたりを押さえて、少し平たく形を整える。

❹3分ほどすると浮きあがってくるので、完全に浮き上がったら冷水に取り、ザルに上げて水気を切る。（冷水のなかに氷をいれておくとなおよし）

❹皿に盛りつける。

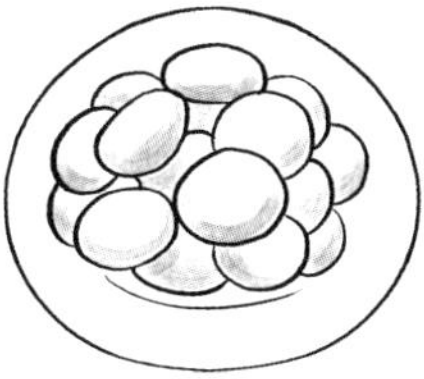

POINT

★お彼岸のお供えが終わったら、オーブントースターかグリルで焼く。少しこげ目ができたら、しょう油につけて、さらに焼く。

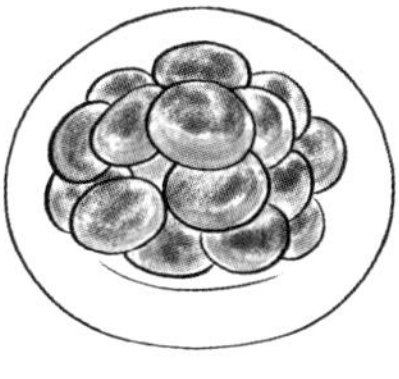

◎お墓参りのやり方とマナー

お彼岸にはお墓参りをします。ここで、お墓参りのやり方とマナーをおさらいしましょう。

お墓参りの服装に決まりはありませんが、あまりラフな格好は避けたほうがいいでしょう。

お墓参りは、いつ行ってもだいじょうぶですが、できるだけ朝早くに行ったほうがいいです。

1

お墓参りに必要なもの
ろうそく、線香、マッチ（ライター）、数珠、花、ほうきとゴミ袋、ぞうきんなど。霊園にない場合は手おけ、ひしゃく。

2

枯れた花、線香の燃えカス、区画内の落ち葉や草、ゴミを拾って片付けます。

3

ぞうきんで拭いて、墓石の汚れを落としましょう。

4

花や故人が好きだったお供えものを置きます。お団子などの食べものは、墓石を汚すといけないので、二つ折りにした懐紙《かいし》を下に敷いてお供えしましょう。

5 線香に火をつけてお供えします。水鉢がある場合は水をはります。

6 数珠をもってお参りします。手を合わせて合掌します。

7 果物やお菓子、飲みものなどのお供えものは、もち帰ります。

《やってはいけないお墓参りのマナー》

★お隣の区画のゴミや雑草、置きっぱなしの湯のみの汚れが気になっても、掃除をしたり、きれいにふいてあげるのはやめましょう。他人のお墓に入るのはマナー違反。親切心からの行為であっても、隣の家に勝手に入るのと同じなのでNGです。

★お酒好きの故人の供養にと、お墓にお酒をかけてはいけません。
これは墓石がいたむし、その人の頭にお酒をかけているのと同じくらい失礼な行為です。あくまでもお供えものとして置くようにしましょう。

★飲みものをお供えするときは、そのままではなく、飲み口を開けてから置きましょう。お参りが終わったら、必ずもち帰ります。

★お墓の前でお参りするとき、墓石を見下ろすことのないように、座ってお参りしましょう。立ったままではご先祖さまを見下ろすことになり、おすすめしません。
ただし、墓石が自分の背よりも高い場合は、立ってお参りしてもかまいません。

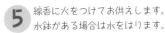

四月

卯月《うづき》

4月8日は多くの学校がはじまる日。その日はお釈迦さまの
誕生日！ 全国のお寺では、お祝いの「花まつり」が開催されます。
お釈迦さまの仏像に甘茶をかける儀式は、神さまの教えを願うハレやかなもの。
お花いっぱいの華やかなおまつりに足を運んで、心を清らかにしませんか？

花まつり

◎四月八日はお釈迦さまのお誕生日

四月八日はお釈迦《しゃか》さまがお生まれになった日。

全国のお寺では、誕生日をお祝いする「花まつり」が催《もよお》されます。

花まつりは「灌仏会《かんぶつえ》」「仏生会《ぶっしょうえ》」とも呼ばれます。

お釈迦さまのお誕生のようすは、こんなふうに晴れやかで神々《こうごう》しいものだったといわれます。


お釈迦さまは約二五〇〇年前に、今のネパールのルンビニーという花園でお生まれになりました。

そのとき、誕生をお祝いして、世界中の花々がいっせいに咲き乱れたといいます。

季節の花だけでなく、ハイビスカスもチューリップも、桜もブーゲンビリアも、とにかくあらゆる花が咲いたのだとしたら、素晴らしい光景です。地球をあげてお釈迦さまをお迎えしたということです。

そして九匹の竜が空高くあらわれ、甘露《かんろ》の雨を降り注ぎました。

お釈迦さまは、その甘露を産湯につかわれました。

お釈迦さまは生まれてすぐに立ち上がり、七歩歩かれました。

そして、右手で天をさし左手で地面をさして、こう言われたそうです。


「天上天下唯我独尊《てんじょうてんげゆいがどくそん》」

◎始業式が四月八日にはじまる理由

天上天下唯我独尊——この言葉は、とても有名です。諸説ありますが、どういう意味かと言うと「天にも地にも、ただ一人、わたしとして尊《とうと》いのである」。

つまり、

「この広い宇宙のなかで、自分という人間は過去にも未来にも一人しかいない。人はみな、唯一の存在であり、その存在自体が尊い。ほかの人とくらべて自分は劣っているとか優《まさ》っているということではなく、〝奇跡のように尊い〟この命をどのように生きるかが大事なんだよ」ということです。

このときの生まれたばかりの立ち姿は「誕生仏《たんじょうぶつ》」となり、今でも花まつりにかざられて、人々に慕《した》われています。

ちなみにお釈迦さまの誕生日は、日本では多くの学校がはじまる日でもあります。始業式を四月八日に行う学校が多いということです。

これには、縁起かつぎの意味もあると思います。

誕生仏

新しい学年がお釈迦さまの誕生日「花まつり」からはじまるというのは、とてもおめでたい晴れがましいこと。子どもたちの人生の華々《はなばな》しいスタートにふさわしいでしょう。

◎お釈迦さまの頭に甘茶を注いで教えを請う

花まつりの日には、ぜひお寺に出かけることをおすすめします。

お釈迦さまの誕生日ですから、お寺にとっては大事なおまつりです。規模の大きな寺院はもちろん、近所にあるお寺でも、この日は花まつりの儀式が行われていると思います。

ぜひ事前に調べ、参拝に行きましょう。

花まつりでは、お寺の敷地の一角に花御堂《はなみどう》が設置されます。花御堂というのは、さまざまな花で囲まれた小さなお堂で、中央に甘茶を満たした「灌仏桶《かんぶつおけ》」といわれる水盤《すいばん》が置かれます。

そのなかに銅でできた、小ぶりなお釈迦さまの誕生仏が据《す》えられています。右手を上に、左手を下に向けたお姿です。

花まつりは、この誕生仏のお釈迦さまに甘茶を注いで参拝します。
①まず花御堂の前に立ち、手を合わせて合掌《がっしょう》します。
②置いてあるひしゃくで甘茶をすくい、御仏の頭に三回甘茶をかけます。
これは、お釈迦さまが誕生したとき、九匹の龍があらわれて甘露の雨を降り注いだ話にちなんだものです。

甘茶をお釈迦さまに注ぐのは、「神さまに教えを請《こ》う」という意味合いがあるそうです。

また、甘茶は「神さまの飲む不老不死の水」ともいわれます。

甘茶とは、ユキノシタ科のヤマアジサイの変種アマチャの葉を醗酵《はっこう》させて乾燥させ、煎《せん》じた飲みもの。黄色い色をして甘い味がします。

花御堂

場所によって色々ですが、花御堂に参拝した後は、甘茶接待所に甘茶が用意され、参拝客にふるまわれます。
また大規模な寺院では屋台がたくさん出ていて、食事をしたり、お菓子を食べたりと楽しめます。子どもたちの稚児《ちご》行列が見られるところもあります。

◎参拝記念に散華をもらおう

花まつりに参加したら、帰りに「散華《さんげ》」などを記念にいただけるお寺もあります。

散華とは「蓮《はす》の花びらの形をした紙」のこと。もともとは「仏の供養《くよう》をし、その場を清めるために蓮の生花をまいた」ことがはじまりだそうです。

寺院では法会《ほうえ》（仏教の教えを説くための集まりのこと）のときに、僧侶が声明やお経を唱えながら歩き、散華をまき散らします。参加者はそれを拾ってもち帰るのです。

でも、そういう特別なときでなくても、お寺によっては、参拝に行って「散華がほしい」と声をかければ、もらえます。大規模寺院では、販売しているところもあるようです。

散華は文字や華やかな絵が描かれたものや、色彩の豊かなものもあり、一枚一枚違うので、これを集めるのも楽しいのです。

身につけているとお守りになるともいわれます。

しおり代わりに本にはさんだり、財布に入れたり、携帯のケースに入れたりして、身近なところに使うといいでしょう。

散華

◎花まつりにかざりたい五つのアイテム

花まつりにかざりたい、ゆかりのアイテムは五つあります。

まずは「甘茶」です。

花まつりの時期になるとお茶屋さんで「甘茶」が売られています。湯飲みに入れてもいいですし、甘茶のパッケージをかざるのもいいでしょう。

二つ目は「蓮《はす》の花」。生花が手に入れば、それをかざります。手に入らない場合は、折り紙や蓮の花をあしらった手ぬぐい、写真やイラストなどで代用するのもアイデアです。

三つ目は「筍《たけのこ》」。筍が地面から出てくるときの「岩をも砕いてまっすぐに伸びる姿」を誕生仏の姿にたくしています。筍の別名は「仏影疏《ぶつえいそ》」。まさに筍の姿をお釈迦さまに見立てているのです。

四つ目は「空豆《そらまめ》」です。空豆は「仏豆《ぶっとう》」という別名があり、この時期の旬《しゅん》の野菜でもあります。

五つ目は「お花」。花まつりにふさわしい色とりどりのお花をかざります。かざりつけのイメージとしては、色々な花の中央に筍をかざるのはいかがですか？　筍やそのほかのものが手元にないなら、お花だけでもいいのです。「今日はお釈迦さまの誕生日だから、お祝いにかざろう」という気持ちがあれば、花瓶に好きな花をいちりんかざるだけでもOKです。

大切なのは、お祝いの気持ちを物にたくす、あらわす心です。

五月

皐月《さつき》

5月5日の子どもの日は「端午の節句」。男の子の節句というけれど、
じつは女の子も大人も、心をこめてお祝いしたい!
ずっと健やかであること、人生うまくいくことを念じる日。
鯉のぼりをかざって目標の達成を願い、菖蒲湯につかって厄を祓います。

端午の節句

◎端午の節句は厄祓《やくばら》いの行事だった

昔の中国では、五月五日の端午の節句には野山に出て薬草をつみ、ヨモギでつくった人形をかざったり、菖蒲《しょうぶ》を浸《ひた》したお酒を飲んだりして厄《やく》を祓《はら》っていたといわれます。

日本では旧暦（昔の暦）の五月は早苗月《さなえづき》といい、田植えがはじまる月です。

昔は田植えの前には、女の人たちが菖蒲やヨモギを軒につるした小屋に一晩泊まり、身を清め、厄を祓ってから田植えをしていたそうです。

奈良時代になると宮中でも、中国から伝わった端午の節句を厄祓いの儀式として取り入れました。

もともとは男の子の節句というわけではなく、邪気《じゃき》を祓う力があると信じられていた菖蒲などの薬草で、厄を祓う行事だったのです。

◎端午の節句が、男の子の節句になった流れ

武士の時代になると、武将たちは菖蒲を「勝負」、「武を尊《たっと》ぶ」という意味の「尚武《しょうぶ》」の二つにかけて、縁起かつぎをするようになりました。

菖蒲の葉をかぶとに挿《さ》して出陣したりもしたそうです。

戦場では勝たなければ命を落とす死ぬか生きるかの勝負です。すがれるものなら何にでも、ということになりますよね。

だから菖蒲は、着物の文様、甲冑《かっちゅう》や武具、馬具の模様にもよく用いられていました。

そんなことから端午の節句は、いつしか「男の子の成長を願う」行事という意味合いを強めていきました。

江戸時代には徳川幕府の公的な行事、祝日となり、男の子の節句として公認さ

れました。

それをきっかけに一般の人々にも広まり「男の子の成長を祝い、立身出世を願う」行事になったということです。

今は子どもの日として国民の祝日になっていますね。

◎鯉のぼりは立身出世のシンボル

江戸時代、武士たちの家では端午の節句に、鎧《よろい》やかぶと、弓矢や槍《やり》などをかざり、家紋の入ったのぼりを立ててお祝いしました。

のぼりというのは、戦場で敵か味方かがわかるように、自分たちの陣地に立てたものです。

このぼりを見てかっこいいとあこがれた町人たちが、のぼりの先端に鯉《こい》の絵を描いた和紙や、和紙でつくった鯉を貼りつけてかざりました。

それが、鯉のぼりのはじまりとされています。

でも、どうして「鯉」だったのでしょうか？

それは、「登竜門《とうりゅうもん》」という中国の故事からきています。

★中国で二番目に長い川、黄河の中流には竜門《りゅうもん》と呼ばれる激流がありました。たくさんの魚が川を上ってくるのですが、竜門を無事上りきることができたのは鯉だけでした。上りきった鯉は竜になったといわれます。ということで、鯉は立身出世のシンボルになりました。

竜門を登ったから〝登竜門〟。イキですよね。

日本ではこの故事にならって「立身出世と子どもの健やかな成長」を願い、鯉のぼりをかざるようになったそうです。

今でも、たとえば「芥川賞は作家の登竜門」などという言い方をします。どの分野でも登竜門というのはあるものです。登竜門を突破して乗り越えられたら、その仕事でプロフェッショナルとして活躍する道がひらけます。たとえば受験や資格試験、就職活動のように、そこを超えたら次のステップにすすめる。そういう意味での登竜門もあるでしょう。

夢や目標がある人はぜひ、端午の節句には縁起をかついで、鯉のぼりをかざりましょう。自分の思いを、鯉のぼりにたくします。

鯉のぼりはべつに大きなものではなく、ミニチュアでもいいのです。または鯉のぼりの絵が描かれた手ぬぐいや風呂敷などをかざってもいいでしょう。

シンボルですから、男の子の節句とこだわることはありません。

◎鯉のぼりは豊作への願い

鯉のぼりが人々の間《あいだ》に広まると、農村では、田んぼに鯉のぼりを立ててかざる風習が生まれました。

なぜ田んぼかというと、農家の人たちにとって、鯉のぼりは神さまが宿られるヨリシロだと考えられたからです（ヨリシロについては二〇ページを）。

鯉のぼり

❶ふき流しには魔除けの意味があります。「青・赤・黄・白・黒」の五色には諸説あり、五常《ごじょう》の心（仁《じん》・義《ぎ》・礼《れい》・智《ち》・信《しん》）をあらわしているともいわれます。

❷鯉のぼりの先端にある、駕籠玉《かごたま》という金色の玉がついた矢車も魔除けです。

旧暦五月は早苗月といい、田植えをはじめる月というのはお話ししました。だから「今から田植えをはじめますから、神さま、応援にきてください」という願いを込めて、田んぼに鯉のぼりを立てました。

田植えの前に農耕の神さまを招いて、豪雨《ごうう》や日照《ひで》りなどで作物が不作ということがないように、たくさんの収穫があるようにと、願ったのです。

お米が無事収穫できるかどうかは、人々にとっては死活問題ですから、祈る思いで鯉のぼりを立てたのだと思います。

◎ちまきと柏もち

端午の節句には「ちまき」と「柏《かしわ》もち」はつきものです。

関西では「ちまき」、関東では「柏もち」を食べることが多いようです。

ちまきは平安時代に中国から入ってきたもので、もともとはもち米を葉っぱでくるみ、灰汁《あく》で煮込んだ保存食でした。

今の時代に食品を包むラップのように、昔は笹《ささ》の葉や茅《ちがや》の葉で食べ物を包んでいました。

茅の葉で巻いたことから「ちまき」と呼ばれます。

戦国武将の明智光秀も本能寺の変のときに、ちまきを保存食として持参したそうですよ。

柏もちは柏の葉で巻いたもちのことをいいます。柏は昔から神聖な木とされており、新芽が出るまで古い葉が落ちない特徴があります。

昔の人たちは、そこにロマンを感じたのでしょう。子どもの成長を見守る親の願いを柏の葉にこめました。「古い葉が落ちない」を「子の成長を見守る親の心」につなげてくるところに、日本人の美学が感じられます。ステキですよね？

武士たちが、柏の葉を使って「家系が途絶えない」という縁起をかつぎ、もちを包んで食べたのが、柏もちのはじまりだそうです。

ちまきと柏もち

◎五月五日には、菖蒲湯に浸かりましょう

古くから、端午の節句には「菖蒲湯《しょうぶゆ》」に入る習慣がありました。

菖蒲には身を清め、邪気を祓う力があるとされ、古代中国でも、昔の日本でも厄祓《やくばら》いに使われていたのはお話ししたとおりです。

端午の節句にかざる花菖蒲と、菖蒲湯に使う菖蒲は種類が違うのを知っていますか？

昔から厄祓いに使われたのは香り菖蒲ともいわれる菖蒲で、サトイモ科の植物です。花はガマの穂《ほ》のように細くて地味ですが、根のところに独特の香りがあります。

葉が菖蒲に似ていて美しい花を咲かせることから花菖蒲と呼ばれているのは、アヤメ科の植物。

ちなみに香り菖蒲の根は漢方薬としても使われ

菖蒲

ていたそうです。

菖蒲湯とは、香りの強い菖蒲の根っこと葉をお風呂に入れたもの。端午の節句の直前に、お花屋さんやスーパーなどでも売り出されます。

五月五日の端午の節句には、無病息災《むびょうそくさい》（病気などせずに健康でいられること）を願い、厄祓いの意味をこめて、菖蒲湯に入るのはいかがでしょう。

菖蒲のよい香りに包まれ、癒《い》やされますよ。

◎端午の節句のかざりつけ

はじめての端午の節句のかざりつけに「これだけは」というおすすめは、三つあります。どれを選んでもOKです。もちろん、すべてかざれば、さらにいいです。

・鯉のぼり
・柏もちやちまき
・折り紙で折ったかぶと

鯉のぼりはミニチュアや絵、手ぬぐいなどでもいいのです。

鯉のぼりはなんといっても「立身出世のシンボル」で、「神さまをお迎えする目印」で、「魔除《まよ》け」でもあります。

折り紙のかぶとは吹き流しの色の五色にしたり、のぼりといっしょにかざったり、お気に入りの縁起物にかぶせたりして、色々楽しめます。

ほかにも、もし鎧《よろい》かぶとのレプリカが家にあったら、かざりましょう。定番ですね。

ミニチュアのかぶとや五月人形もいいですね。

花菖蒲をかざると、りんとした空気になります。

こんなふうに色々イメージをふくらませて、自由にかざりつけを楽しみましょう。

年中行事を少し生活に取り入れるだけで、心が温かくなりますよ。自分自身を好きになり、周囲への感謝が芽ば

端午の節句のかざりつけ

えてきます。

これは、やってみないと感じられません。ひとつでもいいからかざってみてくださいね。自分の心の変化に気づけるハズです。

六月

水無月《みなづき》

6月には「嘉祥」と「夏越の祓え」の行事があります。
「嘉祥」とは、今で言うと和菓子の日のこと。「厄除招福」を願う。
「夏越の祓え」では神社の「茅の輪くぐり」で厄祓いをします。
半年の折り返し地点。後半も元気でがんばれるよう、生まれ変わる行事です。

嘉祥

◎千年以上も前から行われた嘉祥

「嘉祥《かじょう》」（嘉定）とは、甘い和菓子に感謝と願いを込める行事です。

和菓子メーカーの販売促進でも何でもなく、明治に入り、いっとき廃《すた》れたとはいえ、平安時代から脈々と受け継がれてきた伝統的な行事です。

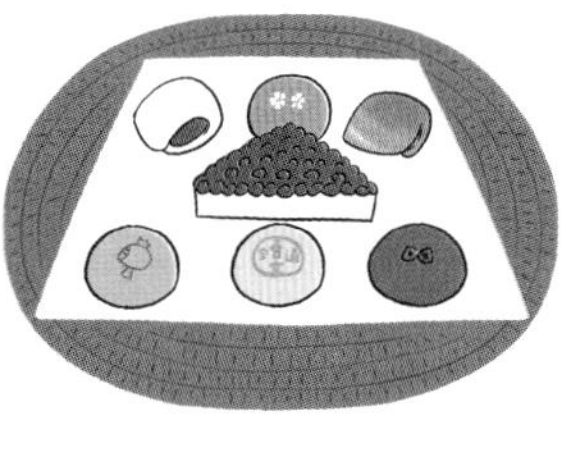

ことの起こりは、平安時代の八四八年です。
国中に疫病《えきびょう》がはやり、多くの国民が苦しみました。
在位中の仁明《にんみょう》天皇は疫病を鎮《しず》め、健康と幸せを招くために、元号を改めることを決めました。

新しい元号は嘉祥。「嘉」と「祥」の字のどちらも「めでたい、歓《よろこ》びがある」という意味があり、おめでた尽くしの元号です。

元号を改めることで、国を挙げての縁起かつぎが行われたわけです。

仁明天皇は神のおつげにもとづいて六月一六日に、一六個のお菓子と、もちをお供えし、厄病退散と招福を祈願されたそうです。

この話にちなんで、「嘉祥」の行事は今も、和菓子の日として六月一六日に行われています。

◎綱吉も家康も大事にした行事

戦国時代を経て天下を統一した豊臣秀吉も徳川家康も、「嘉祥」の行事を大事にしていたようです。

豊臣秀吉は晩年、「嘉祥の祝」を催した記録が残っており、江戸時代に入ると徳川家康は、将軍みずから臣下にお菓子をふるまう「嘉祥頂戴《かじょうちょうだい》」という行事を行っています。

江戸時代の後半には、この行事はさらに盛大なものになっていたようです。

なにしろ江戸城の大広間五〇〇畳に、片木盆《へぎぼん》（板をうすくはぎ、けずらないでつくった角盆のこと）にのせた羊羹《ようかん》や饅頭《まんじゅう》など八種類のお菓子が、ずらりと並べられました。

その数は二万個以上！

約五〇〇年の歴史がある和菓子屋、虎屋の菓子資料室「虎屋文庫」ホームページによると、「将軍が手ずから菓子を与えるのは最初だけで、以後は途中で奥へ退出してしまい、大名・旗本は自ら菓子を取った」ということです。


将軍が臣下に菓子をふるまうことが、なぜ威信《いしん》をしめすことになったかというと、当時は砂糖がとても貴重なものだったからでしょう。

甘いお菓子は一部の特権階級だけが楽しめるもの。

砂糖が庶民《しょみん》にも行き渡るようになったのは、八代将軍吉宗がサトウキビの栽培を奨励《しょうれい》してからだといわれます。

わたしたちが今、和菓子や甘いお菓子をいつでも楽しめるのは、とても贅沢で幸せなことですね。

◎「水無月」を六月に食べる理由

「水無月《みなづき》」というのは三角形の形をした白いういろうなどの上に、甘く煮た小豆《あずき》がのった生菓子《なまがし》です。

平安時代、宮中では旧暦六月一日に、氷室から切り出してきた氷を口に含み、暑気払いをする行事があったそうです。三角形のういろうの三角形はその氷をイメージしたものともいわれます。

昔から京都では、この「水無月」を「夏越《なご》しの祓《はら》え」の日にいただく習慣があったそうです。「夏越の祓え」は、このあとにご紹介する邪気祓《じゃきばら》いの行事です。

その理由は、まず水無月の形にあります。

水無月の三角の形は「ヘビのウロコ模様」の三角をあらわしたもの。

「ヘビのウロコ模様」とは三角の連続模様で、吉祥文様《きっしょうもんよう》の一つです。「三角形」は厄除《やくよ》けの代表的な形です。

水無月

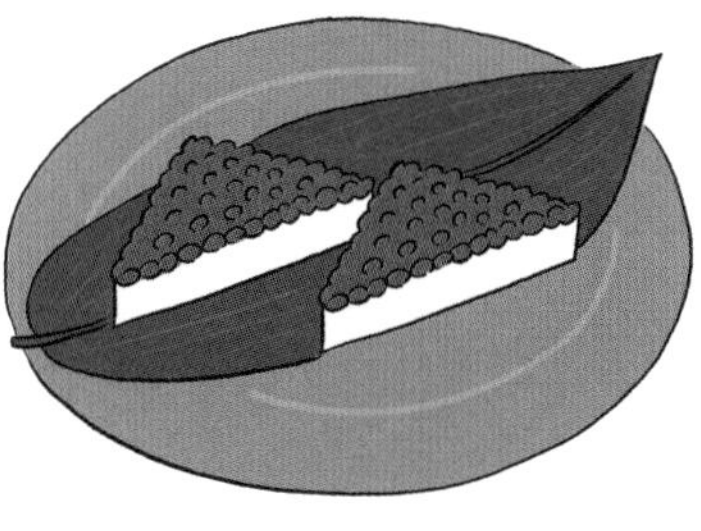

手ぬぐいや着物の文様としてよく使われるので、見かけたこともあるのではないでしょうか?

もう一つの理由は、小豆にも厄除《やくよ》け・魔除けの力があるとされていたこと。

「水無月」は、つまりダブルで厄除け効果のある和菓子なのです。

また、ヘビという動物は脱皮をします。水無月のお菓子には「一年が半分過ぎたところで、次の季節へと脱皮する」という意味合いもこめられます。

六月はちょうど「衣替え」の時期でもあります。

水無月を食べて「新しい自分に生まれ変わる」と縁起をかつぐと楽しいですよ。

六月の和名でもある「水無月」は、六月に入ると和菓子屋さんに並びます。お店にもよるので、探してみてください。

六月中にはぜひ食べたい和菓子です。

ヘビのウロコ模様の手ぬぐい

◎「七」はおめでたい吉祥の数字

おめでたいときに七種類のお菓子をかざってお祝いすることを「祝い七つ菓子」といいます。

六月一六日の和菓子の日には「嘉祥菓子」の故事にちなんで、厄除け招福の願いを込め、七種類の和菓子をかざりましょう。

有名どころの和菓子屋さんでは、十六日にだけ売る「厄除《やくよ》け招福《しょうふく》」の和菓子のセットを予約販売しているお店もあります。

もちろん自分の好きな和菓子を七つそろえ、お皿などに盛ってかざるのは、楽しいもの。

そこに「水無月」も加えましょう。きっと厄除けの効力がアップしますよ。

なぜ「七つ」かというと、「東西南北の方位」で「四」、「天と地」で「二」、それに、この行事を行う「自分の心」を加えて「七」。

自分の願いや感謝の気持ちを数字に込められるのは、ステキなことだと思います。

また、七はとてもおめでたい吉祥の数字です。ぜひ七にこだわってかざりつけをしてみてくださいね。

ヘビのウロコ模様の手ぬぐいも、祝い七つ菓子のかざりに敷いたり、ランチョンマットとして使ってみてもいいですよ。

縁起かつぎで七月からの「新しい自分に生まれ変わる」準備をしましょう。

祝い七つ菓子

夏越の祓え

◎六月三〇日は半年間の区切り

六月三〇日はちょうど一年の半分が終わる日です。

毎年この日には、「夏越《なごし》の祓《はら》え」の行事が、全国各地の神社で行われます。


「夏越の祓え」という言葉を聞くのははじめての方も多いでしょう。

昔の暦では、六月で夏が終わり、七月からは秋です。

夏を越すから、夏越です。

そこでこの日は神社に行って「半年を元気に過ごさせていただき、ありがとうございます」と感謝し、「これからの半年も無病息災で生きられますように」と祈るのです。

一年の折り返し地点で一度リセットし、新たな気持ちで残りの半年をスタートさせるための行事です。

◎「茅の輪くぐり」で厄を祓う

神社の境内に人がくぐれるような大きな「茅の輪《ちわ》」が用意されます。

茅《ちがや》という草を束ねたものですが、自分の足でこの茅の輪をくぐることで、厄を祓うというものです。

「茅の輪」は神社によって、設置されている場所もくぐり方も色々。

参拝した神社の説明のとおりに行えばいいでしょう。

茅の輪くぐりは、昔から親しまれてきた儀

茅の輪くぐり

式です。
江戸時代の俳人、小林一茶も茅の輪くぐりのことを俳句に詠んでいますよ。

「母のぶん　も一つくゞる　茅の輪かな」

神社によってはお祓《はら》いだけで、茅の輪は置かれないところもあります。前もって調べておくといいですよ。

◎「形代流し」でさらに厄を祓う

多くの神社では「茅の輪くぐり」だけではなく、「形代《かたしろ》である人形《ひとがた》に自分の穢《けがれ》れや体調の悪いところをもらってもらい、川や海に流す」という厄祓いの神事をやっています（人形については「ひなまつり」の五二ページを）。

神社で「夏越の祓え」の儀式を申しこむと、人の形をした紙「人形《ひとがた》」をわたされます。それに名前と年齢を書き、自分の体をなで、神社におさめるのです。

神社でお祓《はら》いをして、川や海に流したり、お焚《た》き上げをしてくれます。お焚き上げというのは、供養したあとで焼くことです。

忙しくて神社に行けないようなとき、あるいは大好きな神社だけど遠いので行けないという場合は、前もって神社にいえば、人形を送ってくれるところもあります。

送られてきた人形に名前と年齢を書き、初穂料《はつほりょう》をそえて郵送すると、厄祓いをお願いできます。お好きな神社に問い合わせてみてください。

らす、経営の成功、不成功を決めるのも人の心です。私は京セラ創業直後から人の心が経営を決めることに気づき、それ以来、心をベースとした経営を実行してきました。我が国に有力な経営誌は数々ありますが、その中でも、人の心に焦点をあてた編集方針を貫いておられる『致知』は際だっています。

になる。本当に世の中に必要な月刊誌だと思う。私は選手時代から監督時代まで、勝つためのよりベストな方法を常に考え続けてきたが、『致知』を読み続ける中で自分を高めること、人の生き方に学ぶことがいかに大切かを教えられてきた。他人を慮ることが難しくなったいまの時代だからこそ、人間学のエキスとも言える『致知』をもっと多くの人たちに読んでいただきたい。

七月

文月

ふみづき・ふづき

1年に1回、織姫と彦星が会える七夕の夜。
年中行事の中で、最もロマンチックなイベントです。
七夕の節句には、五色の短冊に願いを書いて星に願いをかけましょう。
笹かざりにはもう一つ、大事な役わりが。幸せを呼びこむことと、
厄を祓うこと。夏の夜の風を感じながら、天の川を見上げましょう。

七夕

◎織姫と彦星伝説のロマンチックな演出

七夕《たなばた》の物語は、もともと中国から伝わったもの。どんな話かというと…。

昔むかし、天の川のそばに神さまが住んでおり、織姫《おりひめ》という名の娘がいました。織姫は機織《はたおり》が上手でよく働きました。

神さまが娘に婿《むこ》を迎えようと探したのが、働き者の牛飼いの彦星《ひこぼし》です。

二人は出会うとすぐに恋におちて、結婚しました。

ところがあまりに好きすぎて、二人で遊んでばかりいて、仕事をしなくなったのです。

それを見た神さまは怒ってしまい、二人を天の川をはさんで、引き離してしまいました。

ただし年に一度、七月七日の夜にだけデートすることを許されたのです。

その日は、かささぎという鳥たちが飛んできて、翼を並べて橋となり、織姫はその橋を渡って彦星に会うことができました、というお話です。


最後の「かささぎの橋」の部分を抜かして覚えている人が多いようです。でも、この部分は昔から、人々の心をつかんできました。

小倉百人一首にも、中納言家持《ちゅうなごんやかもち》のこんな歌が入っています。ご存じですか？


かさゝぎの渡せるはしに置く霜の　しろきをみれば夜ぞ深《ふ》けにける

「かささぎが渡したという、織姫が渡った天の川の橋。そのようにも見える宮中の階段に霜が降りて白々と見える。もう夜がふけてしまったのだとしみじみ思う」

というような意味です。

ノーベル賞を受賞した作家の川端康成も、「かささぎ」というタイトルの短編を書いていますよ。

鎌倉にある自分の家の庭にかささぎが何羽もおとずれて、中納言家持の「かささぎの渡せる橋」の和歌を思い出したというお話です。

織姫と彦星

七夕の物語はロマンチックで、日本人にとって昔からなじみの深いものだったんですね。

◎七夕かざりはできるだけ上へ

七月七日は「七夕の節句《せっく》」。桃の節句（ひなまつり）や端午の節句と同じように、徳川幕府が公式行事として定めた五節句の一つです。

この日は、江戸の人たちはだれもが夢とロマンを求めて七夕かざりをしました。

歌川広重《うたがわひろしげ》という浮世絵作家が描いた「名所江戸百景　市中繁栄七夕祭」という絵があります。この絵では、どの家も、七夕飾りを屋根よりもずっと高くかかげています。

笹かざりに使った笹竹《ささだけ》は、実際には約八メートルもあったそうです。そんな高い笹竹を大江戸八百八町《はっぴゃくやちょう》の家々でかざったのだとしたら、すごく美しく華やかな光景だったでしょうね。

星に願いを届けるわけですから、七夕かざりは江戸の人たちと同じように、天の星になるべく近い場所にかざったほうがいいのです。

できれば家の外にかざりましょう。

室内でも、二階建てなら二階にかざるとか、マンションならベランダにかざるのがおススメです。

笹かざり

◎笹かざりは神さまが宿られるヨリシロ

七夕はもともと中国から伝わってきた行事ですが、願いごとを書いて笹竹にかざる「笹かざり」は、江戸時代に日本で生まれたものです。

笹は昔から「悪い気を祓《はら》う」効果があるとされてきました。

昔の暦では、七月七日は秋の収穫が待ち遠しい時期です。もうすぐお盆を迎えます。

そこで、収穫の感謝をし、悪い気を祓《はら》って身を清める「禊《みそぎ》」の意味も、笹かざりには込められます。

笹かざりを家の外に高くかざるのは、神さまが宿られるヨリシロと考えられていたからです（ヨリシロについては二〇ページを）。

人形《ひとがた》

二分の一程度に縮小した人形の見本です。紅白の薄い和紙を使い、笹竹に結ぶこよりやひもを通す穴をあけましょう。

また自分の体調の悪いところや穢《けが》れなどをうつした人形《ひとがた》をかざり、「風によって悪い気を祓ってもらう」という大事な目的がありました（人形については五二ページを）。

笹かざりは七月六日の夕方にかざり、七夕の翌日の八日には、川や海に流してしまうのが習わしでした。「七夕送り」といわれます。

でも今は環境の問題があるので、天然塩をまいて、袋に入れて、一般のゴミとして出せばいいと思います。

◎五色の短冊に願いごとを書きましょう

七夕の願いを書くのは「五色《ごしき》の短冊《たんざく》」です。

五色というのは青・赤・黄・白・紫（黒）の五色で、中国の五行《ごぎょう》説にちなんだもの。端午の節句のところでも触れましたが（九二ページ）、人が守るべき五つの徳《とく》「仁《じん》・義《ぎ》・礼《れい》・智《ち》・信《しん》」をあらわしているといわれます。

短冊はこの時期になると、文房具《ぶんぼうぐ》店などで売っています。

自分でつくる場合には、和紙を使うとステキですよ。短冊を笹に結ぶ「こより」

も、和紙をよってつくりましょう。

◎幸せをすくい上げる「網かざり」

「網《あみ》かざり」はとても縁起《えんぎ》のよい笹かざりです。

簡単に自分でつくれます。左ページにつくり方をご紹介しているので、ぜひ挑戦してみてください。網かざりとは「すくい網」のこと。

海に漁に出る人たちは、昔からすくい網を使って小魚などをすくいあげる漁をしていました。

そこから網かざりには、「収穫の恵みを自分にすくい寄せる」「幸せをすくい上げる」という縁起かつぎの意味が込められました。

この七夕の網かざりは、じつは手ぬぐいや食器に使われる「すくい網」の文様《もんよう》と同じもの。家を探せば、あるかもしれませんね。

七夕かざりには、すくい網の縁起をかついで、

すくい網のお皿

網かざりのつくり方

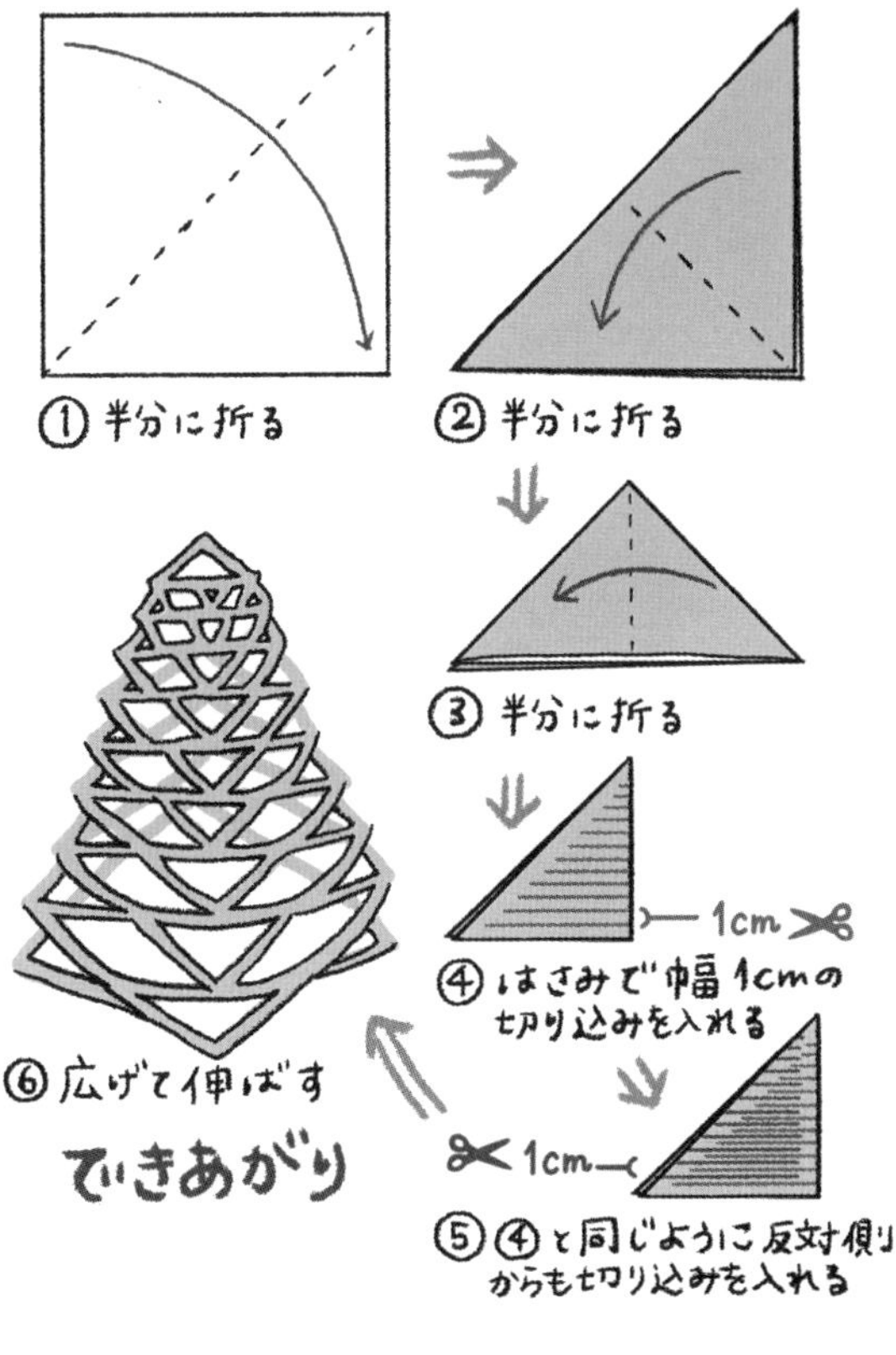
①半分に折る
②半分に折る
③半分に折る
1cm
④はさみで幅1cmの切り込みを入れる
1cm
⑤④と同じように反対側からも切り込みを入れる
⑥広げて伸ばす
できあがり

網かざりをつくってかざりましょう。すくい網でたくさんの恵みを得て、幸せをすくい上げましょう。

★室内での七夕のかざりつけ

七夕が近づいてきたら、笹かざりの準備をするとともに、室内にかざりつけをしましょう。

七夕にゆかりのあるものをいくつかご紹介します。

◎五色の素麺もステキ

まずは「索餅《さくべい》」

「索餅って何?」と思う人もいるでしょう。

じつは素麺《そうめん》の大もとの食品で、小麦粉を練って縄のように編んだものを索餅といいます。

平安時代には、六月初旬ごろに麦の収穫をしました。そこで七夕に索餅をつくり、神さまに麦の収穫の感謝を込めてお供えしていたそうです。

麦の穂をそのまま飾るのではなく、麦を臼《うす》でひいて粉にし、自分たちで手をかけて索餅をつくることで、感謝の気持ちを形にしたのです。

時代が進んで、保存がきく乾麺《かんめん》である素麺がつくられるようになり、今では素麺を七夕のかざりにします。

五色の素麺も販売されています。五色の短冊に合わせてかざるとステキですよ。

◎七夕にかざりたい花

桔梗《ききょう》は昔の暦では、ちょうど七夕のころに咲く花でした。

昔は桔梗の花をアサガオといっていたそうです。そしてアサガオは牽牛花《けんぎゅうか》とも呼ばれます。

つまり彦星の花ということになりますね。

たしかに桔梗の花は青い星の形をしています。こんなところもオシャレで、ロマンチックですよね。

七夕には織姫と彦星の再会を祝い、この桔梗の花をぜひかざりたいものです。

◎自分の仕事のシンボルとなる道具をかざる

昔から七夕には、針と糸をお供えする習慣がありました。裁縫《さいほう》、手芸の腕が上達するように、という願いを込めたのです。

昔の女性にとっては、針と糸は大切な仕事の道具でした。でも現代の女性の仕事は、くらべものにならないほど、さまざまな分野に拡がっています。

だから自分の仕事のシンボルとなる道具をかざってもいいのです。たとえば文章を書く仕事についているなら、針と糸の代わりにペンをかざるといった感じです。

◎短冊をかざるだけでもＯＫ！

忙しくて色々かざる時間がないという人は、願いごとを書いた短冊数枚をかざるだけでもいいですよ。そこに、彦星の花＝桔梗があれば、さらにステキです。

部屋の一角にスペースを確保して、ワクワク楽しみながらかざりましょう。

織姫と彦星の伝説が思い出され、また願いを込めることで、日常とはちょっと違う美しい時間を過ごせると思います。

八月

葉月

はづき・はつき

8月にはご先祖さまや故人を家にお迎えする「お盆」の行事があります。
盆提灯や迎え火、送り火、精霊馬《しょうりょううま》などのお盆の基礎知識を学びましょう。
お盆には、家族そろって亡くなった人たちの思い出話に花を咲かせます。
供養のために各地で盆踊りも開催されます。今年は参加してみては？

お盆

◎お盆はぜひ家族で集まりましょう

年中行事は、お正月に年神《としがみ》さまを家にお迎えすることからはじまるのを、覚えていますか？

お盆は、自分たちのご先祖さまや亡くなった家族の霊《れい》を家に迎える行事です。

お盆には大事な過ごし方があります。

家族全員が集まっていっしょに食事をしながら、亡くなった家族の思い出を語り、記憶をつなぐこと。

たとえばおじいちゃんやおばあちゃんはあなたが生まれる前に亡くなっていて、会ったことがないという場合も、「亡くなったおじいちゃんって、どんな人だったの？」と聞くだけでもいいでしょう。

その人のことを話題にして、思い出すことが大事なのです。

お盆にはぜひみんなで集まって、亡くなった人たちを懐かしく思いましょう。

★お盆は、東京など一部の地域では、七月一五日前後に行われますが、多くの地方では八月一三日から一五日（地域によっては一六日）までの期間をお盆といっています。

◎お盆にお墓参りはしない

お盆はお墓参りに行く行事だと思っていませんか？

でも、ご先祖さまや亡くなった家族の霊は、お盆のあいだは家にきて過ごしていると考えられています。つまり、お墓にはいないということです。

だから基本的には、お盆にお墓参りはしなくても大丈夫です。

家でご先祖さまの好きなものをお供えするのが、お盆の大切な供養です。

ただ地方によっては、ご先祖さまや亡くなった家族に家にきてもらうのに、お墓までお迎えに行くところもあります。その意味でのお墓参りをするようです。

◎お盆をむかえる準備

お盆をむかえる準備はいくつかあります。

①まず、ご先祖さまたちに家がわかるよう、目印として、盆提灯《ぼんちょうちん》を家の軒先や玄関先にかざりましょう。

②一般的には八月一三日の夕方に、「迎え火」を焚《た》きます。

迎え火というのは、ご先祖さまたちの霊を迎え入れるために焚く火のこと。これも、ご先祖さまたちが迷わないように「家はここですよ」としめす目印です。

「焙烙《ほうろく》」といわれる素《す》焼きの平皿に、苧殻《おがら》（麻の皮を剥いだ茎を乾燥させたもの）をポキポキ折ってのせ、火をつけて焚きます。

③「送り火」は、ご先祖さまたちがあの世に戻る道を照らす松明《たいまつ》の役割をします。

一五日（地域によっては一六日）の夜に行います。

焙烙の皿も苧殻も、お盆の時期になるとスーパーなどで売られています。

迎え火も送り火も、焚くのは家の入り口です。もし建て物の事情で火が焚けないようなら、盆提灯を入り口のところに置くだけでもいいでしょう。

盆提灯

迎え火と送り火

◎お供えものは故人が好きだったものをかざる

お盆には亡くなった方が愛用していたものや、好きだった食べ物をお供えします。

それから、旬《しゅん》の果物や野菜や、素麺《そうめん》やおはぎなど。

地方によって、あるいは宗教によってお供えするものやかざりつけに特色があると思います。でも、究極的には、亡くなった方がほんとうに好きだったものをかざるだけでいいのです。

たとえばわたしの父は、わたしが二〇代のころに亡くなりました。

父はサントリー・オールド（通称ダルマ）が大好きで、毎日のように楽しみながらウイスキーのグラスを傾けていました。

父を知っている方は、「サントリー・オールドを見ると、お父さんを思い出す」とおっしゃいます。そういうシンボル的なものです。

また、父は黄色の色も好きでした。

ですから、お盆には母が編んだ黄色いレースの敷物の上に、サントリー・オールドをかざり、その横に父の写真を入れた写真立てをかざります。

お盆のかざりとしては、これだけでもいいのです。

このウイスキーと写真の前で食卓を囲みながら、遺されたわたしたち家族は、父の色々な思い出話をするのです。「そうだそうだ、こんなこともあったよね」と、楽しかったことも、しかられたこともすべて笑い話になります。

お盆に父が家に戻ってきてくれて、その存在を身近に感じられるのは幸せなことです。

お盆というのは、家族やご先祖さまとの絆《きずな》が強くなる行事だと思っています。

◎ナスとキュウリの乗り物で行き来するご先祖さま

精霊馬《しょうりょううま》とは、キュウリとナスに苧殻や割り箸を四本ずつ刺して足にし、キュウリを馬に、ナスを牛に見立てたかざりです。

ナスもキュウリもヘタのほうを頭にします。ヘタは鼻に見立てられます。

精霊馬には大事な役割があります。

ご先祖さまや故人の霊は、このナスとキュウリの乗り物で、あの世とこの世を行き来するのだと考えられているのです。

一説には、キュウリの馬に乗り、ナスの牛に荷物をのせてこの世に戻ってくるといわれます。

また、キュウリの馬は足が速いので「お盆にな

精霊馬

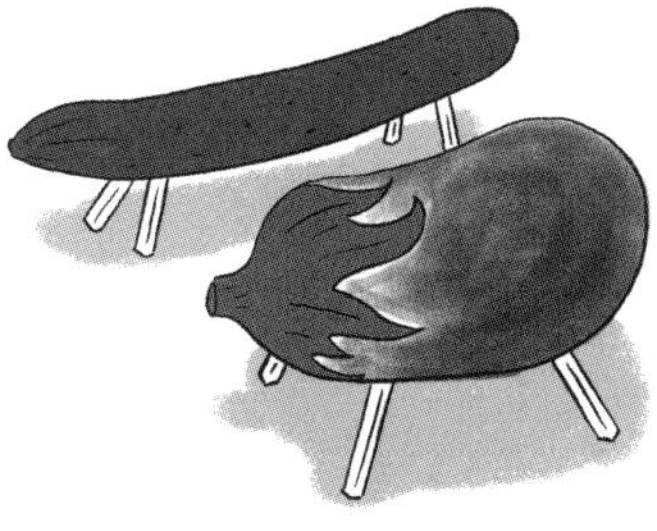

ったらキュウリの馬で早くこの世に戻ってこられるように」、そして帰りは「ナスの牛に乗って、ゆっくりあの世に帰れるように」という意味があるともいわれます。

正式には、精霊馬は盆棚《ぼんだな》と呼ばれる台の上に盆ゴザを敷《し》いて、その上に置くようにとされます。でも、形にとらわれず、自由なやり方でいいと思います。最も大切なのは、物に思いをたくして、かざる気持だから。

◎ホオズキは道明かりの提灯になる

お盆にかざる代表的な花といえば、ホオズキです。

ホオズキの別名は「灯籠草《とうろうそう》」。

その名のとおり、ご先祖さまが帰ってくるとき、道明かりの提灯になると考えられます。

もし盆提灯がないという場合、ホオズキを花

びんに入れてかざったり、ホオズキをお皿にのせて、玄関やテーブルなどにかざるだけでもいいと思います。

◎精霊流しは、爆竹も鳴るにぎやかな行事⁉

送り火には家庭で焚かれる送り火から、地域をあげて行われる大規模なものまで色々です。

毎年八月一六日に行われる京都の大文字は、正式には「五山送り火《ござんのおくりび》」というそうです。

これも、亡くなった人の霊をあの世に送り届ける送り火として焚かれるもの。大文字山の「大」の文字だけでなく、周囲の山々につぎつぎと妙法、左大文字、船形、鳥居形が点火される、とても大規模な送り火です。

長崎の「精霊流し」もまた、八月一五日の夕方に行われるお盆の伝統行事として有名です。

この精霊流しも、送り火です。

精霊流しと聞くと静かでひっそりした行事だと思われるかもしれませんが、新《にい》盆《ぼん》を迎えた亡くなった人の精霊船は、わら、竹、板でできていて、大小さまざまです。

盆提灯や花、遺影《いえい》、ゆかりの品で華やかにかざりつけられています。亡くなった人の霊を乗せ、家族や親しかった人たちが精霊船をひいて、街中を練《ね》り歩き。極楽浄土へ送り出す伝統行事。

爆竹《ばくちく》が鳴り、銅鑼《どら》、鉦《かね》の音が鳴りひびいて、とてもにぎやかな行事だそうです。

大文字も精霊流しも、地域性はあるものの、お盆の送り火として行われています。

◎盆踊りに込められた二つの意味

夏になると、大規模なものから町内会の催しまで、全国各地で盆踊りが行われます。

音楽は鳴り響き、出店も出て、大変にぎやかなおまつりですが、じつは盆踊り

は「盆」がつくだけにお盆の行事です。

お盆の時期にこの世にもどってこられたご先祖さまや亡くなった人の霊を、踊りによって供養するのがもともとの目的。

もう一つ、この世に生きているわたしたちも「踊ることで災厄《さいやく》を祓《はら》う」という意味も込められます。

ひらたく言うと、供養のために「ご先祖さまたちといっしょに楽しく踊って、盛り上がろうよ」という行事です。

わたしの実家のある名古屋では、名古屋城で大々的な盆踊りのイベントがあります。

名古屋城の築城主は徳川家康公です。

だからきっと、家康公もあの世から来られていて、城下町に住む人々が、亡くなった人の霊も、生きているわたしたちも含めてみんなで踊っているのを、にこやかに見ているハズだと思うのです。

そんなふうにイメージすると楽しくなって、踊りの輪に加わりたくなりませんか？

踊ることでご先祖さまや亡くなった人たちをワクワク楽しませることができ、自分の厄祓いにもなるのです。何より、盆踊りはむずかしい動きはないので、老若男女みんなで楽しめます。積極的に参加してみてくださいね。

◎盆踊りを踊るためのマナー

①服装ですが、Tシャツにパンツといったラフな服装でかまいません。まず参加してみましょう。

楽しさがわかったら、「こんどは浴衣《ゆかた》で参加」したくなってきます。

浴衣を着ていくと、さらにワクワク感が増します。

「浴衣は今でいうTシャツなんです。気楽でしょ? 世界中どこへ行っても、五分で着れちゃう」と日本を代表する服飾《ふくしょく》デザイナーのコシノジュンコさんもおっしゃっています。

意外と簡単に着られるし、涼《すず》しいのでおすすめです。

②持ちものは、肩からかけられるポシェットや、帯にさげる巾着《きんちゃく》袋。その中に

貴重品だけ入れます。
ほかはもって行かないのが鉄則。できるだけ荷物を減らし「手ぶら」であること。
手さげバッグは踊りの邪魔になるのでオススメしません。

③盆踊りグッズは「うちわ」と「手ぬぐい」です。
汗を拭いたり、うちわの風で涼《すず》んだり。なにより踊るときに、うちわや手ぬぐいを小道具に使う演目《えんもく》があるので、必須アイテムなのです。

④踊りの輪に入りましょう。
なわ跳びの輪に入るのと同じで、入ったら楽しいです。
踊りのうまい人を見つけ、その人の近くに位置取りをし、見よう見まねで踊りましょう。

盆踊り

正しく踊る必要はなく、笑顔で踊りながら、雰囲気を楽しめばよいのです。

⑤休憩時間には必ず水分の補給をしましょう。
熱中症でたおれては、せっかくの盆踊りの楽しい時間が台無しです。
水分をこまめに取って、楽しみましょう。

九月

長月《ながつき》

「重陽《ちょうよう》の節句」「十五夜」「秋のお彼岸」と盛りだくさんな9月の行事。
9月9日の重陽の節句は菊づくしで長寿を願い、十五夜は中秋の名月に
月見団子をお供えして収穫の恵みに感謝！　秋のお彼岸では、
自分を見つめなおし「毎日を大切に生きよう」と気持ちを引き締めます。

重陽の節句

◎菊は不老長寿の薬だった

重陽《ちょうよう》の節句は、菊の花いっぱいの華やかな年中行事です。「菊の節句」とも呼ばれます。

平安時代の貴族たちは宮中で、重陽の節句のころ、盃《さかずき》に菊の花びらを浮かべた菊酒《きくざけ》を飲み、漢詩をつくりあうという催しをやっていたそうです。どうして菊を浮かべた菊酒かというと、菊は不老長寿《ふろうちょうじゅ》の薬として大切にされていたからです。

朱塗《しゅぬ》りの盃に菊の黄色い花びらが一、二枚浮かんでいるようすを想像してみください。

貴族の装束《しょうぞく》を身につけた男性たち、ろうそくの灯り、そして菊酒《きくざけ》……絵として、とても風情がありますよね。実際に行われていた行事です。

◎紫式部も清少納言も魅せられた「着せ綿」

昔は九月九日の前夜、つまり八日の夜に、咲いている菊の花に真綿《まわた》をかぶせ、菊の香りと菊におりた夜露《よつゆ》を綿にうつすことをしていました。

朝にその綿をはずして顔や体をなぞって清め、「いつまでも若々しく、長生きできますように」と願ったのです。

菊は長寿を願う花ですから、菊にあやかろうというわけです。

これを「着《き》せ綿《わた》」といいます。

平安時代には盛んに行われ、かの紫式部も清少納言も、日記などに、着せ綿のことを書いています。

和菓子屋さんには、重陽の節句のころに、着せ綿の話にちなんだ、その名も「着せ綿」という生菓子が登場します。

お店によって、「着せ綿」以外にも、菊の花をかたどった美しい生菓子や菊最中《もなか》などが並びます。数軒足を運んでみても楽しいですよ。

それぞれの和菓子職人さんの細かく美しい技に、感動しますよ。

生菓子の着せ綿

◎「九」は最高におめでたい数字

江戸時代には、徳川幕府が公式の祝日として「五節句」を定めていたことはお話ししました。

その五節句の最後が九月九日の「重陽の節句」です。

中国の考え方では、奇数は「陽の数」といわれます。陽の数とはプラスのイメージです。中国では陽の数はおめでたい数字だと考えられていました。

なかでも「九」は一番大きい奇数。最高におめでたいのです。

九月九日はそのおめでたい数が重なる日。陽の数字が重なるから「重陽」です。

重陽の節句は、昔から大変におめでたい日とされ、お祝いされてきました。

菊を賛美《さんび》する節句ですから、菊の花もとてもおめでたいお祝いの花です。

◎菊は日本でいちばん愛されてきたお花

大昔から、菊は日本人に愛され大事にされてきたお花です。

たとえば、一六弁の八重《やえ》の菊は、皇室のご紋章《もんしょう》になっています。

国民のパスポートには一重の菊が使われます。

警視庁のバッジや国会議員のバッジも菊の花です。

ニュースに取り上げられる競馬のレースでも、春の桜花《おうか》賞にたいして、秋の菊《きっ》花《か》賞。

お葬式のときに白い菊の花を使うのが定番になっているので、縁起が悪いと思っている人も多いのですが、それは大間違い！

菊の季節には、明治神宮や伊勢神宮をはじめ、全国各地の神社で「菊の品評会」が行われます。どれほど菊を大切にしているか、ということです。

縁起がわるかったら、品評会などしないはずです。

今では品種改良が進み、丸いぽんぽん菊や色のグラデーションが美しい菊など、色々な菊がお花屋さんの店先に並んでいます。菊の季節にのぞいてみると新しい発見があります。

◎菊づくしのかざりつけ

重陽の節句のかざりつけのポイントは、菊の花にちなんだものであること！

菊づくしとは、菊ばかりでかざりつけるのです。

まずは和菓子から。

まえにお話しした「着せ綿」の生菓子。ほかにも和菓子屋さんによって、菊にちなんだ和菓子は色々つくられています。

菊の最中《もなか》も、色々なお店であつかっています。

菊の花を折り紙でつくるのもいいでしょう。

菊の花模様のお皿。

菊の模様の風呂敷や、菊を描いた手ぬぐいをかざるのもステキです。

菊の模様の花瓶に菊を生けるのも粋《いき》です。

菊座瓜《きくざうり》という日本カボチャは、真上から見下ろすと菊の花の形にみえるカボチャです。黄色や黒い色のものがあります。このカボチャもみつけたら、そのままかざると面白いです。

食用菊を三杯酢にしてお皿にのせてかざるのもいいですし、盃に日本酒をついで、菊の花びらを浮かべても風情があります。

はじめてのかざりつけで、時間もないし、簡単にやってみたいということなら、菊の花を飾るだけでもいいと思います。

菊づくしのかざりつけ

また、菊の最中を買ってきて、お皿にのせてかざるだけでもＯＫです。自分や家族の長寿と末永い幸せを願いながら、菊に思いをたくして、重陽の節句のかざりつけをしてみましょう。

◎年中行事にちなんだ贈りもののすすめ

贈りものとは「モノに自分の思いをたくして、相手の心に届けること」。年中行事にちなんだ贈りものは、みんなが知っている行事なので相手に温かい思いが届きやすいという利点があります。

たとえば九月なら、菊の最中《もなか》をお土産にもっていくのはどうでしょう。菊の最中は美味しいので、和菓子好きにはそれだけで喜ばれますが、そこにひと言を添えて、思いを伝えるのです。

「重陽の節句の時期ですが、菊は長寿を願う縁起ものです。いつまでもお元気でいらっしゃるようにと願いを込めて、菊最中をおもちしました」

きっと重陽の節句について会話も弾み、楽しい時間を過ごせるでしょう。

贈りものをすると、自分の心にポッと幸せの花が咲きます。

年中行事にちなんだ贈りものを相手の心に届けることができると、喜ばれるので嬉しさがわきます。

そういうことのできる自分ってステキ……、幸せな気持ちがあふれます。自己満足ですが、自分に満足できるから自分に自信が芽生えてくるのです。

人生、毎日毎日ステキなことばかりおきたり、ワクワクするような幸せがいっぱいあるわけではありません。そんな日々はだれにもないのです。

だったら自分で意識して幸せなことをつくっていくことが大切です。

年中行事にちなんだプレゼントは、相手にも自分にも幸せを引き寄せる贈りもの。贈る理由は「最近お会いしていないけど、お元気かなと思って」でもいいのです。

ぜひ気軽にやってみてください。

★年中行事にちなんだおすすめの贈りものは巻末を参照

十五夜

◎「中秋の名月」って？

「中秋《ちゅうしゅう》の名月《めいげつ》」という言葉があります。

この「中秋」というのは秋の真ん中という意味です。

今の九月は、昔の暦《こよみ》では八月です。

昔は、秋は七月、八月、九月とされていました。

昔の感覚だと、八月は秋の真ん中の月です。

だから中秋なのですが、この時期（つまり今でいう九月）は、一年でもっとも月が澄《す》んで見えます。

どこから見ても美しい満月なので、この時期に十五夜《じゅうごや》のお月見をするようになりました。

◎水に映った月を愛でるのが、貴族の楽しみ方

十五夜のお月見は、もともとは中国から伝わってきたものです。

中国では、十五夜の月を愛《め》でながら詩歌《しいか》をよんだり、楽器を演奏したりして楽しむ「中秋節《ちゅうしゅうせつ》」という行事がありました。

日本にそれが入ってきたのは平安時代です。

当時の宮中《きゅうちゅう》では、十五夜の夜と、翌月の十三夜《じゅうさんや》に、月見の宴《うたげ》が催されたそうです。

貴族の人たちのその月の見方が、とても美しいのです！

月を直接見上げるだけでなく、池に舟を浮かべて漕《こ》ぎ出し、池の水面《みなも》にうつった月をながめたり、お酒を注いだ盃《さかずき》に月をう

貴族のお月見

つしてお月見とお酒を楽しんだそうです。

秋の夜の静かな庭。虫の声と池の水を舟がはじく音だけが聞こえるなか、盃にうつった月を酒とともにぐっと飲みほす……なんて、そんな名月の楽しみ方を一度はやってみたいものですね。

◎お月見は収穫への感謝をささげる日

お月見の行事は江戸時代には一般の人々にも広まりました。

当時は多くの人が、作物を育て収穫するという農耕生活をしていました。

作物を育て収穫するめやすにしていたのは、月の満ち欠けをベースにした暦《こよみ》でした。

月は、いつごろ種をまいたらいいか、田植えをしたらいいかなどを教えてくれる大切な存在です。

だからお月見は、ただ月を愛でて楽しむだけではなく、収穫への感謝を月の神さまにささげる儀式でもあったのです。

そこで、十五夜にはお米の粉でつくる団子をお供えするようになりました。

ちょうど里芋がたくさん採れる時期でもありました。
だから満月の夜に里芋をお供えし、月の神さまに感謝したのです。
十五夜のことを「芋名月《いもめいげつ》」というのは、そこからきています。

◎十五夜にお供えする団子は、十五個か五個

米を粉にしてつくる団子は、お月さまが満ちた姿にちなんで、形を丸くします。
団子のつくり方はお彼岸《ひがん》団子とおなじです（くわしくは七三ページを）。

月見団子は、三方《さんぽう》に盛るのが正式です。
三方というのは、白木でできていて、三方に穴の開いたお供え用の台。
お月見の写真でよく見かけますが、どこの家にでもあるわけではありません。
だから、団子をお盆やお皿にのせてお供えするので十分です。

十五夜にお供えする団子の数は、一五個または五個です。
一五個の場合の重ね方は、いちばん下が九個。

二段目が四個。

いちばん上は、正面に向かってタテになるように、二個ならべます。

こうすると正面からは一個のように見えます。

五個をかざる場合は、一段目に四個ならべ、その上に一個のせましょう。


お月見は、お月さまが主役。

お月さまに見てもらうためにかざるのですから、お月さまに表がわを向けて。わたしたちが見るのは「裏がわ」というのが正しいかざり方です。

たとえば月見団子を三方に盛った場合、三方は窓が開いた面が表です。だから、窓が開いた面をお月さまに向け、わたしたちは窓の開いていない裏をながめることになります。


なお、月見団子は、関西では里芋の形に似せてつくり、それにこしあんを巻いてかざるそうです。

「ところ変われば品変わる」ということわざがありますが、ほんとうですね！

◎ススキをかざって月の神さまをお迎えする

十五夜のかざりは、月見団子のわきにススキがあると、いかにもお月見という雰囲気になってステキです。

ほんとうならその年に収穫された稲穂《いなほ》をお供《そな》えしたいところですが、時期が早いので間に合いません。そこで稲穂に似たススキを代わりにお供えするようになりました。

稲穂は月の神さまが宿られるヨリシロだといわれます（ヨリシロについては二〇ページを）。

だからその代役のススキも、月の神さまのヨリシロの役目をはたします。

十五夜の夜に月の神さまをお迎えするために、ススキはぜひかざりたいものです。

できればお月さまに見てもらえるよう、窓ぎわや庭先にかざりましょう。

◎つるものをかざろう

そのほかに、ぜひかざりたいのは「つるもの」です。

つるものとは、つるが伸びる植木や野菜のこと。ブドウのつるや豆のつるなどがあります。

つるには「月の神さまとつながる」「ご先祖さまとつながる」という意味が込められます。

夜空にかがやく十五夜のお月さま、ご先祖さまがすごく身近に感じられますね。

つるものをかざったら、きっと「ご先祖さまが、自分を応援してくれる」と思え、がんばる勇気がわいてきますよ。

ススキと月見団子

十五夜のかざりには月見団子と、その時期の収穫物をお供えします。里芋や季節の旬の野菜をかざりましょう。
忙しくて時間がないという場合は、買ってきた月見団子をかざるだけでもＯＫです。

秋のお彼岸

◎お彼岸は自分を見つめ直す一週間

春のお彼岸《ひがん》のところでお話ししたように、秋のお彼岸は秋分《しゅうぶん》の日（九月二三日ごろ）の前後三日間、合わせて一週間のことをいいます。

春のお彼岸と違うのは、ぼたもちではなく、おはぎをお供えすること。

とはいえ、どちらも同じものですね（笑）。

ほかは春のお彼岸と変わりありません（春のお彼岸については六五ページを）。

秋のお彼岸も、お墓参りをしたり、お仏壇《ぶつだん》にお供えものをしたりします。

そして、極楽浄土《ごくらくじょうど》のことに思いを馳《は》せ、自分はちゃんと六波羅蜜《ろくはらみつ》の修行ができているだろうかと、自分を見つめ直す一週間にしたいものです。

いつも気をつけてほしいことですが、この一週間はとくに意識して行ったり、過ごしたりします。

六波羅蜜とは「布施《ふせ》」「持戒《じかい》」「忍辱《にんにく》」「精進《しょうじん》」「禅定《ぜんじょう》」「智慧《ちえ》」の六つの修行のことです。春のお彼岸のページをもういちど見なおして、自分を見つめましょう。

十月

神無月《かんなづき・かみなづき》

「十三夜」は9月の十五夜とペアの行事。ぜひ見逃さないようにしたいもの。
十五夜のときと、お供えする月見団子の数が違うことを覚えましょう。
自分のために、もっていて嬉しい縁起ものたち。どれもそれぞれのご利益《りやく》あり。
人々に長い年月愛されてきた品々は、表情一つにもこだわりがあります。

十三夜

◎十五夜には十五夜の、十三夜には十三夜の美しさがある

十三夜《じゅうさんや》は、満月になる二日前の少しだけ欠けた、まだ満月になりきっていない月です。完璧な状態でないところに美しさを見出すところが、日本の美学。それこそが細やかな、日本人の美意識です。

「十五夜が満月なのだから、十五夜のほうがよくない？」と思うかもしれませんが、昔の人たちは、「あともう少し」という微妙《びみょう》なところに、美しさを感じていたのです。

十三夜には夜空を見上げ、十五夜とくらべて美しさがどう違うのかを感じてみましょう。

お月見は月の神さまに収穫への感謝をささげる行事ですから、その時期に収穫される作物の名前がつけられています。

一〇月に入ると、豆や栗が収穫のピークを迎えます。

そこで、十五夜が「芋名月」と呼ばれたように、十三夜は「栗名月《くりめいげつ》」または「豆名月《まめめいげつ》」と呼ばれます。

十三夜には、月見団子のほかに、ぜひ豆や栗をお供《そな》えしましょう。

◎片見月ってなんのこと？

もともとお月見は、十五夜と翌月の十三夜の両方を楽しむことを合わせて「お月見」といっていました。

片方しかお月見をしないことを「片見月《かたみつき》」といいます。

両方のお月見をすると「縁起《えんぎ》がいい」とされますが、逆に片見月だと「不吉なことが起こる」として嫌われました。

だからぜひとも、両方のお月見をしたいものです。

「雨だったらどうすればいいの？」と思うかもしれませんが、お月見のかざりつけをしていれば大丈夫。

かざりつけをし、準備をしていれば、雨雲の向こうに月が明るく輝いているのが意識できて、お月さまとつながることができます。

お月さまは神さまですから、大きな存在です。

「あの子はかざりつけをしていますね」とにっこり見ていてくださると思いますよ。

◎十三夜の月見団子は一三個か三個

十三夜も月見団子をお供えします。

「一三個」かざる場合は、下に九個、上に四個ならべます。

「三個」の場合は、自由にならべればでいいでしょう。

月見団子は、お月見が終わったら、こんがり焼いて醤油《しょうゆ》をつけて食べる楽しみがあります。熱々で香ばしくておいしいのです。

「お団子をつくるのは面倒」と言っていた人も、お団子を食べる楽しみを覚えて、今では普段の日にもつくるほどだと話していました。

こんどのお月見には、ぜひ手づくりのお団子をかざってみましょう。新しい世界がまた広がりますよ。

もちろん時間がないときは、お店で売っているものを買ってきてもＯＫです。

縁起もの

◎縁起ものはいつも近くにいる心強い味方

一〇月にはもう一つ別な名前があります。

「神さまがいない月」と書いて、神無月《かんなづき》といいます。

「神さまがいない」とはどういうことかと言うと、一〇月になると八百万《やおよろず》の神さまたちは、オオクニヌシノミコトがいらっしゃる出雲《いずも》大社に集合されます。だから出雲以外の各地にはいらっしゃらないのです。

出雲大社では神さま会議がひらかれ、人や社会や宇宙のありとあらゆるご縁について、話しあいがもたれるそうです。

つまり、各地の神さまがお留守なので神無月。

ちなみに出雲地方だけは、神さまが集まられるので神在月《かみありづき》というそうです。

さて、まわりから神さまがいなくなっても、ちゃんとそばにいてくれるのは、縁起ものたちです。

縁起ものは神さまではありませんが、わたしたちの願いや祈りを受けとめ、励ましたり、守ったりしてくれるありがたい味方です。

七福神《しちふくじん》は縁起《えんぎ》ものですが、神さまです。きっと一〇月は出雲に出かけてしまうかもしれませんね（笑）。

◎幸せを運んでくれる縁起もの

縁起ものをもっていますか?

「縁起もの」というと広い意味では色々なものが含まれますが、ここではとくに玩具を中心に紹介します。

昔から人々に愛され、大事にされてきた縁起もの。

「子どもがすくすく成長するように」「邪気《じゃき》や災厄《さいやく》が寄りつかないように」「収穫

に恵まれるように」「商売が繁盛するように」などなど、色々な意味やいわれが込められています。

これからお気に入りの縁起ものを見つけて、自分の家にかざってみましょう。家のなかに縁起ものがあるというだけで、心がポッと明るくなりますよ。どの縁起ものが好きかは、好みの問題です。

たとえばわたしは犬張子《いぬはりこ》が大好きです。犬張子を初宮参りで授与したのは、名古屋の熱田《あつた》神宮が発祥《はっしょう》の地といわれています。わたしの初宮参りは熱田神宮でした。まだ生まれて一カ月の赤ん坊のわたしは、わたしの顔の四倍はありそうな大きな犬張子とともに、神社の境内で家族と写真におさまっています。

わたしは今でも犬張子は玄関やリビングなどに、何体もかざってあります。そのまえを通ると目があうのです。思わずニコッとしてしまいます。

縁起ものは、心を温かく癒やしてくれます。全国各地にたくさんの縁起ものがあります。あなたも好きな縁起ものを見つけて、集めてみませんか？

ここでは代表的な縁起ものをご紹介します！

★犬張子

子犬の形をした張子《はりこ》の人形。犬の子は病気をせずに丈夫に育つことから、「犬のようにすくすく育つように」という願いが込められます。犬に竹かんむりをかぶせて、「笑」に見立てた「笊《ざる》かぶり犬」は、にこにこ笑顔で育ってほしいという願いが込められています。

★だるま

だるまは、達磨《だるま》大師が座禅《ざぜん》する姿を模した置き物。「七転び八起き」の縁起ものとして、大切にされてきました。受験などの願《がん》かけや、「たくさんの福を招き、商売が繁盛する」という願いが込められます。

★福助

江戸時代の中ごろに登場した福助人形。「幸福を招く」という縁起があります。大きな頭にちょんまげをのせ、大きな耳たぶがたれた福耳の、子どものような顔をした男性の人形。愛らしい姿が人気です。

★招き猫

一説には、京都の招き猫があげる左手に対抗して、江戸の招き猫は右手を右耳の上まであげ「うんと福を招く」とがんばっているとか。「商売繁盛」「福招き」の縁起が込められます。素材は土、布、紙、木と色々。

★羽子板

「かざり羽子板《はごいた》」はお正月の縁起もの。東京の浅草寺《せんそうじ》では毎年一二月一七日から一九日まで、羽子板市が開催されます。歌舞伎役者の似顔絵をつけた押し絵羽子板などが人気です。

★七福神

「恵比寿《えびす》」「大黒天《だいこくてん》」「毘沙門天《びしゃもんてん》」「弁財天《べんざいてん》」「布袋《ほてい》」「福禄寿《ふくろくじゅ》」「寿老人《じゅろうじん》」という七柱の神さまたち。まとめて「福徳招来《ふくとくしょうらい》、無病息災《むびょうそくさい》」の縁起がこめられます。人形は七つセットでそろえましょう。

★鯛車

鯛は昔から「めでたい」と語呂合わせする縁起ものです。鯛の赤い色に魔除けの意味があり、鯛車《たいぐるま》には「子どもがすくすくと健康に育つように」という願いがこめられます。

※参考文献『江戸の縁起物　浅草仲見世助六物語』木村吉隆著／亜紀書房

◎あなたの町の縁起ものを探そう

全国各地で昔からつくられてきた郷土玩具。それぞれ意味があり、その土地ならではの縁起ものとして大事にされてきました。

必ずいわれがあり、さまざまな願いが込められています。

たとえばわたしが仕事で訪れた福岡県では、津屋崎《つやざき》地方に「モマ笛《ぶえ》」という郷土玩具がありました。「モマ」とは津屋崎の言葉でふくろうのこと。

ふくろうは先を見通す力があるとされ、「福来郎」や「不苦労」の当て字で縁起をかつがれます。

モマ笛は、吹くと「ホウホウ」とやさしい音が出て、吹くと気道が広がるため、お年寄りが食べものを喉《のど》につまらせないおまじないだとか。

また、福島県会津《あいづ》若松市の郷土玩具《きょうどがんぐ》の「赤べコ」。牛のことをべコというそうです。

子どもが生まれると、「病気や災難から逃《のが》れられるように」という願いを込め

モマ笛

赤べコ

て贈られます。私のスクールの年中行事クラス【マナー美人塾】に、福島出身の受講生がいます。彼女は、クラスがきっかけで郷土愛がめばえ、赤べコのコレクターになっています。郷土愛と郷土玩具は、関係しているのかもしれません。

自分が生まれ育った土地の郷土玩具をしらべてみましょう。

郷土への愛が深まり、絆《きずな》が感じられ、毎日がもっと楽しくなると思います。

十一月

霜月《しもつき》

「七五三」は子どもが無事に育っていることを感謝する行事。子どもがいるいないにかかわらず、無事に大人になった自分をお祝いしましょう。子どものころの親との思い出と毎日の生活をつないでくれるステキな行事。これからの成長や幸せを願い、ご先祖さまからつながってきた命に感謝!

七五三

◎七・五・三はおめでたい数だから

七五三《しちごさん》は一一月一五日に、子どもの成長に感謝して、住んでいる土地の氏神《うじがみ》さまに参拝する行事です。

この時期になると神社では、男の子は羽織袴《はおりはかま》、女の子は着物姿で家族写真を撮っている風景をよく見かけます。

可愛《かわい》らしい姿を見ると、こちらまで自然と笑顔になり「縁起《えんぎ》がいい」と嬉しくなりますね。

七五三のお祝いは、

女の子は三歳と七歳
男の子は三歳と五歳

で行います。

この数字に、ちょっと注目！

どれも、おめでたい数である「奇数」です。

七五三は、縁起のいい奇数の年に、子どもが元気に育っていることを感謝して祝うもの。「通過儀礼《つうかぎれい》」といいます。

七五三

◎大人になってこそ味わえる七五三の幸福

「通過儀礼」というのは聞きなれない言葉ですが、人が生まれてから亡くなるまでに通るいくつかのステップのことを言います。

たとえば妊娠五ヶ月目の「戌《いぬ》の日」に「帯祝《おびいわ》い」といって安産を祈る行事があります。

無事生まれたら「お七夜《しちや》」。昔は産後すぐに亡くなる赤ちゃんが多かったため、誕生から七日目の夜に名前をつけ、お赤飯《せきはん》を炊《た》いて家族でお祝いしました。

そのあとも「初宮参り」「お喰《く》い初《ぞ》め」とつづき、七五三がやってきます。

六〇歳を過ぎると「還暦」にはじまり、またお祝いが色々あります。

幼い子どもも六〇歳以降も、どちらも「生きにくい」年齢なのです。

そこで、その人の命とこの世を結びつける行事が必要だったわけです。

それぞれの行事をていねいに行うことで、生きている大切な時間に感謝して、幸せにしていけるのだと思います。

「七五三の年齢の子どもはいない」という人も、「独身だから関係ない」と思っている人も、自分が七五三という行事を通過して成長したのだということを思い出してほしいです。

この年齢を無事生きのびて大人になれたというのは、ほんとうにありがたいことなのです。

七五三にはかざりつけをして、自分が生きている喜びと、育ててくれた親への感謝の思いを改めて感じてみませんか?

そういう感謝の気持ちから、運は開けていくのです。

◎七歳までは神さまの子ども

三歳、五歳、七歳の行事には、それぞれ名前がついています。

七五三はもともとは、武家《ぶけ》や公家《くげ》で行われていた三つのお祝いの儀式でした。

まず三歳は「髪置《かみおき》」と呼ばれます。

この日から髪を伸ばし、髪形を整える儀式です。それまでは、男の子も女の子も頭を剃《そ》っていたそうです。

赤ちゃんから幼児になった証《あかし》が「髪置」です。

五歳は「袴儀《はかまぎ》」。男の子がはじめて袴をはく、幼児から児童に成長したお祝いの儀式です。

七歳は「帯解《おびとき》」。女の子が幼児用の紐《ひも》つきの着物をやめて、この日から大人と同じく腰紐《こしひも》を使い、幅の広い帯を締めて着物を着る儀式です。髪にはかんざしをさします。

この七歳のお祝いで、子どもの通過儀礼はひとまず終わりです。

なぜ七歳かというと、七歳までは「神の子」といわれ、まだ神さまの子どもとされていたからです。七歳からようやく人格をもつ人間になると考えられていました。

「人間の仲間入りをした」という意味もある、七歳のお祝いです。

「よくここまで生きてくれたね」と家族で喜びます。

◎千歳飴はなぜ長いのか？

千歳飴《ちとせあめ》は、神社で七五三のお祓《はら》いをしてもらうともらえる、長寿《ちょうじゅ》を願う紅白の飴です。

紅白は「お祝い」の意味があり、おめでたい縁起《えんぎ》もの。

長い飴なので、「長く伸びる」という意味を込めて「長寿《ちょうじゅ》」の縁起をかついでいます。

「一年一年を大切に長く生きる」という強い願いがこめられています。

袋には「鶴亀《つるかめ》」や「松竹梅《しょうちくばい》」といった長寿

千歳飴

のシンボルの文様《もんよう》が描かれています。

千歳飴そのものが、おめでたい縁起ものです。

近くの神社や和菓子屋さん、百貨店などで千歳飴を販売しているところがありますから、ぜひ七五三のかざりとして、手に入れましょう。

◎七五三のかざりを毎年の行事に

七五三は、今日まで生きてこられた自分を振りかえるために、毎年行いたい年中行事。

この時期がきたら、七五三のかざりつけをしましょう。

・千歳飴

七五三のかざりで、千歳飴ははずせません。ぜひかざりたい縁起もの。

千歳飴だけをかざるのでもOKです。

・「帯紐《おびひも》」

七歳の「帯解」の儀ではじめて帯紐を使うことにちなんで、帯紐をかざりましょう。

・かんざし

かんざしはもともと木の枝や草を髪にさしたのがはじまり。生きている木や草のエネルギーを吸収する意味がありました。

そう聞くと、枝を折って花などを髪にさしたくなりますね！

・縁起ものの犬張子

犬張子《いぬはりこ》は子どものお守りです（くわしくは一六三ページを）。お宮参りのときに、その子が無事に成長することを願って、親戚《しんせき》からプレゼントされる習慣がありました。

「無事に健《すこ》やかに」という縁起をかついで、犬張子をかざるのもおすすめです。また、他にも自分が好きで集めている縁起ものがあれば、それをかざるのもステキです。

そのほかに、子どもの七五三の写真や、自分が小さかったときの七五三の写真をかざるのもいいでしょう。

七五三用の着物や帯を畳《たた》んでかざるのもオシャレです。

「今年は何をかざろうかな?」と思いながら、かざりつけの準備をしましょう。

準備をするちょっとした手間は、豊かな時間となって、あなたを幸せな気持ちにしてくれるはずです。

七五三の飾りつけ

お赤飯

十二月

師走《しわす》

「冬至」は「運が上向きに転じる日」として、大事に過ごしたい行事です。冬至ならではの食べものや、ゆず湯の厄祓《やくばら》い。「ん」をいっぱい運盛りにし、運を引き寄せたいもの。「大晦日」には縁起かつぎに年越しそばをいただき、新しい年を幸福感いっぱいで迎えましょう。

冬至

◎冬至は太陽の復活をお祝いする日

冬至《とうじ》とは「一年でいちばん夜が長く、いちばん昼が短い日」です。

今はコンビニが夜中まで営業していたり、ネットも二四時間使えたりするので、夜の時間が長くても、いつもとそれほど変わらない気がしませんか?

でも、大昔の人たちの生活を想像してみてください。

電気のない時代なので、夜になると外はほぼ真っ暗闇です。家のなかもろうそくの明かりぐらいしかありません。

冬が訪れるころには、もう日は短く、日の暮れはどんどん早くなっていきます。

また、夜明けはどんどん遅くなります。

太陽の力は弱まり、もしかしたら元に戻らないのではないか、このままずっと暗く寒い日々がつづくのではないかと、人々は恐れました。テレビやネットなどの情報も、調べる方法もないから、不安がつのりますよね。

経験からまた春がくるのは知っていても、こんどばかりは、太陽はずっとこのままかもしれない。すると、作物も育たないから、生きていけません。ところが冬至を境に、また太陽の力が回復しはじめます。

どれだけおめでたいことでしょう！

冬至とはつまり、死んでしまいそうに思えた太陽が息を吹き返し、復活することを心から祝う行事です。

◎冬至は運が上向きに転じる日

「一陽来復《いちようらいふく》」とは「悪いことがつづいたあとに、ようやく運が開ける」という意味です。

この四字熟語は、もともとは冬至のことをさします。

昔の中国の占いの書『易経《えききょう》』に記されている言葉で、「陰《いん》がきわまり、ふたたび陽《よう》が生《しょう》じる」という意味です。

つまり、太陽の力が戻ってくることをさします。

これまで暗くつらい日々が続いていたけど、これから明るく幸せな日々がやってくる。そういう思いを昔の人たちは「一陽来復」にたくしたのです。

そこから冬至は「運が上向きに転じる日」と、とらえられるようになりました。

東京の早稲田にある穴八幡宮《あなはちまんぐう》では、冬至の日から節分まで、期間限定の「一陽来復」のお札とお守りを手に入れることができます。

ちなみに「金銀融通《ゆうずう》のご利益がある」とされる金運アップのお守りです。

冬至の日には朝早くから道路を通行止めにし、人の列が何重にもできるほど混

一陽来復のお守り

み合うそうです。

「運を開きたい」と願うのは、いつの時代も同じですね。

一陽来復が叶《かな》う冬至には、ぜひともかざりつけをし、お祝いしましょう。

◎冬至にカボチャを食べれば風邪を引かない

冬至の日には、「陽の気を象徴する赤や黄色のものを食べるとよい」とされます。

「冬至にカボチャ」とよくいわれますが、それはカボチャの中身が黄色いからでもあります。

黄色は赤と同じように「魔除《まよ》け」の色。

またカボチャは保存食品でもあり、昔は夏に収穫したものを保存しておいて、冬至に食べたのです。

栄養価が高く、冬場に不足しがちなビタミンをおぎなってくれる貴重な食べ物でもありました。

「冬至にカボチャを食べれば風邪を引かない」とよくいわれますが、昔の人は経験から分かっていたのですね。

また赤い食べ物として、小豆粥《あずきがゆ》を食べたり、カボチャと小豆をいっしょに煮て食べる地域もあるようです。年中行事は、地域性もあり少しずつ異なる点も、また楽しいです。

◎ゆず湯は一年最後の厄祓《やくばら》い

冬至を「湯治《とうじ》」とかけて、ゆず湯に入る習慣もあります。

ゆず湯は色々な意味で、冬至にはぜひ入りたいものです。

まず、ゆずと「融通」の語呂合わせで「お金に融通がきく」、つまり金運がアップするという縁起《えんぎ》かつぎの意味もあります。

それからもう一つ、大事な意味があるのです。

ゆずは黄色の果物です。黄色は魔除けの色なので、ゆずを入れたお風呂につかると、邪気が祓《はら》われ、禊《みそぎ》の意味があるといわれるのです。

ゆずの香りを鬼は嫌うという話を節分のときにしましたが、ゆず湯につかって香りをかぐことで、心身の毒素も抜け、悪鬼も退散していくと考えられました。

さらに、ゆずは太陽の丸に見立てているので、ぜひ丸のまま入れてください。

また、めでたい陽の数である「奇数」で入れましょう。少しでも縁起かつぎをした方が楽しいから。

ゆず湯につかり、ゆっくり香りをかいだり、「ゆずの黄色ってきれいね」と楽しみながら、心身の毒素が抜けていくことをしっかりイメージして、一年最後の厄祓《やくばら》いをしましょう。

ゆず湯

◎冬至の日にこんにゃくを食べると、清らかな身になれる

「冬至にはこんにゃくを食べるように」ともいわれます。

こんにゃくは中国から伝わった食べもので、「砂はらい」という別の名前がついています。

昔から、体に溜《た》まった砂、つまり毒素を出す整腸《せいちょう》剤と考えられてきました。今でいうデトックス効果です。

ちなみに「冬至　こんにゃく　砂はらい」という言葉もあります。

一年分の体の毒素を出し、清らかな身となって新しい年を迎えるために、冬至の日にこんにゃくを食べる習慣が定着したそうです。

ゆず湯につかってこんにゃくを食べて、身心の毒を出し、新品のようなピカピカの自分になって新年を迎えるのは、気持ち良くてステキでしょう。

こんにゃくもぜひ、冬至の日のメニューに加えましょう。

◎〝ん〟がつく食べものには、運がいっぱい

「運盛《うんも》り」というのは、〝ん〟のつく食べものを皿やザルに盛ることで「運を盛る」という縁起かつぎです。

たとえば、「みかんには〝ん〟がついているから、これを食べると〝運〟がつく」と考えられました。

大根、ニンジン、蓮根《れんこん》、銀杏《ぎんなん》、みかん、きんかん……。〝運〟のつく食べものはたくさんあります。

カボチャも盛りましょう。カボチャは別名で南京《なんきん》と呼ばれているのです。うどんをかざってもいいでしょう。

「〝ん〟がつくものねー」と考えて、ワインのボトルをかざったわたしのスクールの受講生もいました（笑）。それはそれで面白いからいいんです。大切なのは、自己満足で楽しむこと！　自分が楽しくて、幸せな気持になることが、重要ですから。

自由な発想で、〝ん〟のつく食べものを探してみましょう。

「運をいっぱい盛るのだから、運が開けないわけはない」と思えてくるはず。

また、運盛りといっしょに南天《なんてん》の赤い実の枝をかざってもオシャレです。南天は魔除けの効果もあり、「難《なん》を転じる」という意味の縁起かつぎもあるので、一陽来復の日にぴったりです。

この南天も〝ん〟が二つついていますね。ツイてる!!

大晦日

◎大晦日に年越しそばを食べるワケ

いよいよ大晦日《おおみそか》。一年の最後の日です。

翌日に年神《としがみ》さまをお迎えする準備で、どこの家も大忙しでしょう。


大晦日に年越しそばを食べる習慣は、江戸時代の中ごろにはじまったそうです。

そばはうどんにくらべると醗酵《はっこう》などの手間がなく、打って、伸《の》して、すぐに茹《ゆ》でて食べることができます。

手軽な食事として、慌ただしい大晦日にはぴったりだったのです。

そばの苗は強く、痩《や》せた土地でも育つ作物です。だから日本各地で育てられ、食生活の心強い味方でもありました。

そんな年越しそばですが、縁起をかつぐ二つの説があります。

まず一つ目は、そばは長く伸ばすことから「長寿」につながるという説です。

もう一つの説は、金・銀の細工師《さいくし》さんたちが、細工したあとにこぼれた金や銀の粉を集めるのに、そば粉を使ったことからきています。そこから「そばは金を集める」という縁起をかついだそうです。

せっかくなのでどちらも採用して、年越しそばを食べるときには、「長寿」と「金運」という二つの縁起をかつぎましょう。

これを知って年越しそばを食べると、最後の最後でまた運を吸収できて、一年の締めくくりも「ツイてるなぁ」と思えますよ。

年越しそば

さて、おわかりのとおり、年中行事は一年を通して縁起かつぎをします。

「こじつけでしょ」としか思えないような笑える部分もある縁起かつぎですが、マイナスをプラスに転じさせたり、平凡な毎日に笑いや華やかさを加えられる。ほんの少し手間をかけるだけで、豊かな気持ちになったり、周りの人と会話が増えたりします。

つまり年中行事は毎月「幸せになる魔法」なのです。

おわりに

わたしのスクールの美しいマナー&年中行事【マナー美人塾】の受講生のお一人から、こんなお手紙をいただきました。

＊＊

井垣先生の講座を受けてから、何気ない日常生活が、楽しみと輝きに溢れた日々に変わり、毎日をワクワク過ごしてます。

「嘉祥《かじょう》」は全く意識していなかった六月の年中行事ですが、日本古来の「命を繋《つな》ぐ思い」と「ご先祖様への感謝の気持ち」が込められていて、あまり知られていないことが不思議なくらい素晴らしい行事だと思います。

これから子どもたちと和菓子屋さん巡りの旅が始まりますが、お世話になっている周囲の方々へ和菓子をプレゼントしながら、この行事を広めていきたいと思います。

年中行事の講座では、毎回、子どもたちへの良い影響を、驚くほど実感しています。年中行事を行う喜びは、子ども向け娯楽施設に連れて行ったときの楽しさとは、全く「質が異なる」ことが分かりました。

四月の年中行事＝「花まつり」の準備のため、子どもたちとお散歩しながら、野の花を集めていた時、上の子が腹痛を訴え、中断して家に帰ることになったのですが、上の子は泣いて残念がり、「続きは必ず、僕が元気になってから一緒にやろうね」と言うのです。

遊園地などから帰るときの、面倒そうに了承する姿とは全く違います。親子で一緒に年中行事の準備をする楽しさは、他のものとは比べ物にならないほど、かけがえのないものであると感じた瞬間でした。

年中行事の楽しさは、娯楽《ごらく》施設での「落ち着きのないすぐに忘れる楽しさ」と違い、「穏やかで満たされた心が長く続く楽しさ」だと思います。ご先祖様から受け継がれた日本人のＤＮＡが求めているからかもしれません。この素晴らしい日本の文化を必ず後世に残したいと感じました。

五月の「鯉《こい》のぼり探し」も、子どもたちと栃木の原風景を五月の風を感じながら、心豊かな時を過ごせました。六月の「嘉祥」の準備も、すでに子ども達の中でブームとなっております。

（中略）

新しく教えていただいた年中行事のおかげで、我が家には笑顔があふれております。本当にお礼を言い切れないくらいの感謝の気持ちでいっぱいです。どうもありがとうございました。

＊　＊

お手紙をくださったのは、七歳と四歳の二人のお子さまがいらっしゃる、栃木県の安田さん（四一歳）。

それまでにも多くの受講生から、「年中行事を学んでよかった」という嬉しい声をいただいてきました。この安田さんのお手紙は、大人だけでなく子育てにも大きな効果があることがわかり、わたしにとって嬉しい気づきになりました。

一方で、すごく心配なこともあります。

日本には、長年受け継がれてきた素晴らしい伝統文化や工芸品が数多くあります。しかし、悲しいことにそれらが衰退の一途をたどり、消滅の危機にひんしているのです。このことは、日本人自身がその本当の価値に気づいていないことにも起因しています。

「はじめに」でも述べたとおり、年中行事はわたしたちの日常生活に潤いを与え、豊かにするものです。同時に、それを広めていくことには次の役割があると考えています。

一、商店街の活性化につながる
二、日本の伝統文化を日本人が見直す機会になる
三、職人さんたちの技のすごさを再確認できる

本書を出版させていただいた目的はそこにもあります。また、その具体的な試みのひとつとして、「#年中行事はじめました」という投稿企画をインターネット上ではじめました。

皆さんの身のまわりにある年中行事や、日本の伝統にまつわる地域のイベントなどの写真を、Instagram、Twitter、Facebook、ブログなどSNSでシェアしていただく企画です。

年中行事の取り組みを盛り上げていくために、写真とコメントは一行でもいいので、お気軽に投稿してみてくださいね！　あなたからのご投稿をお待ちしています。

二〇二〇年の今年、いよいよ東京オリンピックが行われます。これから、日本国が海外から、大きな注目をされます。

日本の魅力はなんなのか？　日本はどんな国なのか？　何を大切にしてきたのか？

ひとりの日本人として、しっかり伝えられるようになるためにも、「日本人の美学の原点＝年中行事」を学んでほしいと願っています。

わたしは日本人がずっと大切に守ってきた美しい伝統文化である年中行事を今の人たちに伝え、次の世代にも継承していく使命があると思って、この仕事をしています。これからも、わたしのクラスやテレビ出演、出版、雑誌などマスコミやネットなどを通して伝え続けます。

この本は、有り難いご縁がつながり続けて完成しました。長年お世話になっている敏腕ライターの中西后沙遠《みさお》様、犬張子《いぬはりこ》がきっかけで出会ったオリエンタルベリーの藤並《ふじなみ》うずら様、可愛いイラストを本文に合わせて描いてくださった

Nabeco《ナベコ》様、ステキなデザインをしてくださったスタジオファム様。

また、原稿制作にご助力をいただいた圓融寺《えんゆうじ》住職の阿純章《おかじゅんしょう》先生。いつも私のわがままを大きな心で受け止めてくださる、大尊敬する致知出版社の藤尾秀昭社長、心身ともに美しい柳澤まり子副社長。そして新しい試みに対応してくださった編集部の小森俊司さん、いつも笑顔で働いてくれているツイてる社員・蓮見由佳さん。その他、この本のためにご尽力くださったすべての皆様に、心から感謝しています。

そして何より、全国各地からシェリロゼの【マナー美人塾】に通ってくださっている受講生の皆さん！　皆さんとクラスで一緒に学び、毎回、嬉しい気づきがあり、毎月、ステキな作品をつくってくださったおかげで、この本ができました。皆さんの美しい心と行動の結晶がこの本です。ありがとう×∞

この本を手に取ってくださったあなたに、すべての良きことがふりそそぎますように☆

令和二年元旦

井垣利英

年中行事カレンダー

月	日	年中行事	贈りものとしておすすめの品	そえるひと言
一月	一日〜七日	お正月	干支入りの手ぬぐい	新年のごあいさつ。一年の幸せを願って
二月	三日	節分	福豆	福が訪れるように
三月	三日	ひなまつり	ひなあられ、ひしもち	ひなまつりなので
四月	八日	花まつり	たけのこ、そら豆	お釈迦さまの誕生日なので
五月	五日	端午の節句	柏もち、ちまき	端午の節句で成長、立身出世を願って
六月	一六日	嘉祥	水無月などの和菓子	厄除け招福の願いを込めて
七月	七日	七夕	素麺	織姫と彦星の天の川伝説にちなんで
八月	一三〜一五日	お盆	すいか、メロンなど夏の果物	ご縁をいただけたことに感謝して
九月	九日	重陽の節句	菊最中	長寿を願って
一〇月	旧暦八月の十五夜	お月見	お月見団子	お月見を楽しんで
一一月	一五日	七五三	千歳飴	元気に成長したことに感謝
一二月	二二〜二三日頃	冬至	柚子・カボチャ	来年も健康に過ごせるように

❖参考文献❖

『大人の常識　日本のしきたり・年中行事』飯倉晴武監修／KADOKAWA
『日本人のしきたり』飯倉晴武編著／青春出版社
『暮らしの「しきたり」がわかる本』山本三千子著／三笠書房
『季節の心をかたちにして　暮らしの室礼十二か月』山本三千子著／講談社
『暮らしの絵本 しぐさとマナーのコツ』井垣利英監修／学習研究社
『陰陽五行と日本の民俗』吉野裕子著／人文書院
『東福門院和子の涙』宮尾登美子著／講談社文庫
『盛和塾34』平成12年4月号「塾長講話～『京セラフィロソフィ』の真髄をひもとく」／盛和塾
『武徳編年集成下巻』木村高敦撰／名著出版
『新古今和歌集』日本古典文学大系／岩波書店
『和菓子を愛した人たち』虎屋文庫／山川出版社
『土佐日記　蜻蛉日記　紫式部日記　更級日記』新日本古典文学大系／岩波書店
『枕草子』新編日本古典文学全集／小学館
『江戸の縁起物　浅草仲見世 助六物語』木村吉隆著／亜紀書房
全国和菓子協会ホームページ
熊野本宮大社「夏越の大祓ご案内」
『掌の小説』川端康成（新潮文庫）

＃年中行事はじめました

ＳＮＳで「＃年中行事はじめました」のハッシュタグとともに、だるま、招き猫、鯉のぼり、おひな様など、あなたの身のまわりの縁起物や年中行事、日本の伝統にまつわる地域のイベントなどの写真を気軽にアップしてくださいね。
年中行事が広まることで、家族の交流の機会を増やし、日本の伝統文化、日本の素晴らしさを再発見することにつながれば嬉しいです。

井垣利英

装幀・本文デザイン――スタジオファム
装画・章扉イラスト――藤並うずら（オリエンタルベリー）
本文イラスト――Nabeco
編集協力――中西后沙遠

〈著者略歴〉
井垣利英（いがき・としえ）
株式会社シェリロゼ代表取締役、人材教育家、メンタルトレーナー、マナー講師。名古屋生まれ。中央大学法学部卒業。 女性が多く働く全国の企業で、社員研修、講演会を年間100本以上行う。化粧品、ジュエリー、エステティック、介護、幼児教育などに携わる女性のやる気とマナーを向上させ、売上アップにつなげる日本で唯一の専門家。活動は15年以上に及び、これまで、3000人以上の自社スクール受講生の人生を好転させた。テレビ出演、新聞、雑誌の取材は200件以上。『仕事の神様が“ひいき”したくなる人の法則』（致知出版社）、１３万部を突破した『しぐさのマナーとコツ』（学研）など著書多数。

・公式ＨＰ：https://www.c-roses.co.jp/
・ブログ：https://ameblo.jp/cherieroses/
・Instagram：https://www.instagram.com/igaki_toshie/
・YouTube：https://www.youtube.com/user/104toshia

開運 #年中行事はじめました

令和二年一月二十一日第一刷発行

著者　井垣利英
発行者　藤尾秀昭
発行所　致知出版社
〒150-0001東京都渋谷区神宮前四の二十四の九
TEL（〇三）三七九六—二一一一
印刷　㈱ディグ　製本　難波製本
落丁・乱丁はお取替え致します。　（検印廃止）

ISBN978-4-8009-1225-1 C0095
ホームページ　https://www.chichi.co.jp
Ｅメール　books@chichi.co.jp